이태형 ⓒ, 2009

초판 1쇄 발행 | 2009년 8월 5일
초판 2쇄 발행 | 2015년 1월 7일

지은이 | 이태형
그린이 | 카툰플러스
펴낸이 | 박정태
펴낸곳 | 사이언스주니어
주　소 | 413-120 파주시 파주출판문화도시 광인사길 161 광문각빌딩
전　화 | (031) 955-8787
팩　스 | (031) 955-3730
등록번호 | 제406-2014-000118호
HOME | www.kwangmoonkag.co.kr
Email | kwangmk7@hanmail.net

ISBN 978-89-954185-7-2 (74400)
ISBN 978-89-954185-5-8 (세트)

   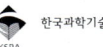

값은 뒷면에 표기되어 있습니다.
저자와의 협의하에 인지는 붙이지 않습니다.
잘못된 책은 구입하신 서점에서 바꾸어 드립니다.

상상력을 깨우는 초등 과·수·원 01

별박사 이태형 선생님의 태양계 이야기 ❷

별난 선생님이 들려주는
우주견문록

이태형 글 | 카툰플러스 그림

사이언스주니어

저자의 말

천문학자가 되고 싶어 하는 어린이들에게

별과 우주에 대해 관심을 갖는 어린이들이 무척 많아지고 있습니다. 아마도 이 책을 읽는 독자들 중에는 장래 희망이 천문학자인 친구도 있을 것입니다. 하지만 부모님들 중에는 천문학자가 되는 것을 반대하는 분들이 많을 것입니다. 부모님들이 천문학자가 되는 것을 반대하는 가장 큰 이유는 천문학으로는 돈을 벌 수 없다는 생각 때문일 것입니다. 하늘을 본다고 밥이나 쌀이 나오지 않는다는 것이 대부분의 어른들 생각입니다. 하지만 여러분이 어른이 되었을 때쯤에는 지금과는 세상이 달라져 있을 것입니다.

과학의 발달로 인해 앞으로 수십 년 이내에 인간은 달과 화성에 기지를 건설할 것입니다. 그런 기지를 건설하고 우주여행을 하기 위해서는 천문학자들이 중요한 역할을 해야 합니다. 장래 희망은 현재의 직업을 보고 하는 것이 아니라 수십 년 후의 미래 세계를 보고 정하는 것입니다. 따라서 천문학자가 되겠다는 꿈이 결코 나쁜 것은 아닙니다. 하지만 여기서 꼭 생각해야 할 것이 있습니다. 단지 별이 멋있기 때문에, 별을 보는 것을 좋아하기 때문에 천문학자가 되겠다고 하는 것은 잘못된 생각입니다.

천문학자는 단지 별 보는 것을 즐기는 사람이 아닙니다. 어려운 수학 공식을 이용해 우주의 원리를 밝혀내거나, 하나의 별이나 은하만을 수십 년간 관찰해서 그 변화를 알아내는 것이 천문학자가 하는 일입니다. 천문학자들이 실제로 밤하늘에서 별을 직접 관찰하는 경우는 거의 없습니다. 천문학 이론을 연구하는 학자는 1년 중 밤하늘을 관찰하는 날이 거의 하루도 없을 것입니다. 관측을 담당하는 학자라도 직접 별을 보지는 않습니다. 단지 망원경과 연결된 컴퓨터 모니터로만 별의 물리적인 특징을 관찰할 뿐입니다.

고기 잡는 것이 좋다고 어부가 되지는 않습니다. 낚시꾼들은 각각 자기 소질에 맞는 직업에서 일합니다. 그리고 주말이나 휴가를 이용해서 낚시를 즐깁니다. 물론 낚시가 정말 좋아서 낚시터나 낚시가게를 하는 사람도 있을 것입니다. 하지만 그들이 어부가 되는 일은 아주 드뭅니다.

천문학도 마찬가지입니다. 별 보는 것이 좋은 사람은 아마추어 천문가가 되면 됩니다. 아마추어 천문가는 각기 다른 직업을 갖고 있지만 자신의 망원경을 갖고 주말이나 휴가를 이용해 별을 관찰하러 다닙니다. 별을 좋아하는 사람들 중에서 정말 별과 우주의 원리를 밝혀내고 싶은 사람이 있다면 천문학자가 되어도 좋습니다.

그런데 천문학자가 되기 위해서는 수학과 과학(특히 물리) 공부를 잘해야 합니다. 물론 컴퓨터를 다루는 실력도 아주 중요합니다. 또한 외국에서 공부를 해야 하기 때문에 외국어 실력도 필수입니다. 천문학은 고독하고 외로운 학문이지만 남들이 보지 못하는 세계를 탐구하고 느끼는 즐거움은 무척 큰 학문입니다. 관심 있고 소질 있는 어린이는 한번 도전해 보는 것도 좋습니다.

2009년 6월 이태형

차례

1부 태양계와 지구를 닮은 행성들 8

첫 번째 여행 태양계란 무엇일까? 10

두 번째 여행 태양계는 어떻게 만들어졌을까? 16

세 번째 여행 지구의 안쪽을 도는 행성들 24
선생님과 채팅해요! 별태양에서 행성들까지의 거리에는 어떤 특별한 법칙이 있다고 하는데, 맞나요?
내행성이 왜행성에 비해 모습이 다른 이유는 무엇인가요?
행성 중에서 지구와 가장 비슷한 행성은 무엇인가요?
수성과 금성에 위성이 없는 이유는 무엇인가요?
지구형 행성들이 목성형 행성들에 비해 안쪽에 있는 이유는 무엇인가요?

네 번째 여행 인류의 미래, 화성 40

다섯 번째 여행 태양이 되지 못한 행성, 목성 50
선생님과 채팅해요! 행성들의 위성 개수가 책마다 다르게 나오는 이유는 무엇일까요?

여섯 번째 여행 아름다운 고리를 가진 토성 60
선생님과 채팅해요! 행성들의 위성 개수가 책마다 다르게 나오는 이유는 무엇일까요?

일곱 번째 여행 태양계 바깥의 행성들 68

여덟 번째 여행 명왕성의 퇴출과 왜행성의 등장 82
선생님과 채팅해요! 명왕성이 해왕성보다 더 가까워질 때가 있다는데 그 이유는 무엇인가요?
'혹성'이라는 말이 있는데 이것은 행성과 어떻게 다르나요?
행성 중에서 지구와 가장 비슷한 행성은 무엇인가요?
행성들이 일렬로 모일 때가 있나요?

2부 우리의 중심별, 태양과 달과 혜성 96

첫 번째 여행 '태양'이라는 이름의 별 98

두 번째 여행 태양에서 부는 바람, 태양풍 110
선생님과 채팅해요! 지구는 거대한 자석입니다. 지구의 북극은 어느 극에 해당할까요?
플라스마
내일 당장 태양이 블랙홀이 된다면 태양계의 행성들은 어떻게 될까요?
낮에 보이는 달과 밤에 보이는 달의 색이 다른 이유는 무엇일까요?

세 번째 여행 지구의 가장 가까운 이웃 달 126
선생님과 채팅해요! 보름달은 반달보다 실제로 얼마나 더 밝을까요?
달에 얼음이 존재한다는데 사실인가요?
한가위 보름달과 정월 대보름달 중 어느 것이 더 클까요?
보름달이 완전히 둥글게 보이지 않을 때가 있는데 그 이유는 무엇인가요?
달에 있는 땅을 상업적인 목적으로 소유할 수 있을까요?
달의 반대편에 거대한 탑과 도시의 흔적이 있다는데 사실인가요?

네 번째 여행 달의 기원과 특징 138
선생님과 채팅해요! 달에서도 나침반으로 방향을 찾을 수 있을까요?
달에서 보는 별과 지구에서 보는 별이 다를까요?
그믐날 달에서 보는 지구는 얼마나 밝게 보일까요?
달에서 지구를 보면 지구도 달처럼 모양이 바뀌면서 보일까요?
개기월식 때 달이 완전히 어두워지지 않고 붉게 보이는 이유는 무엇일까요?
태양과 달, 지구가 일직선이 될 때 개기일식이 일어납니다. 그렇다면 매달 그믐 때마다
개기일식이 일어나지 않는 이유는 무엇인가요?
초승달이 뜬 날 희미하게 둥근 달의 모습이 보이는 이유는 무엇인가요?

다섯 번째 여행 태양계의 나그네, 혜성과 유성 158

여섯 번째 여행 태양계의 나그네, 별똥별 유성 170
COOK! COOK! 과학요리 유성우 쇼 관찰하기

우·주·견·문·록

1
태양계와 지구를 닮은 행성들

'수, 금, 지, 화, 목, 토, 천, 해'
이것이 무엇인지 알고 있나요? 바로 우리 태양계를 이루고 있는 행성들입니다. 태양처럼 스스로 빛을 내는 항성(star)에 비해 지구와 같이 태양 주위를 도는 천체를 행성(planet)이라고 합니다. 아주 어린 친구들부터 나이가 많은 분들까지도 태양계의 행성 이름을 외우지 못하는 사람은 거의 없을 것입니다. 하지만 각각의 행성들에 대해서 물어보면 잘 대답하기가 어려울 것입니다. 지구와 달리 다른 행성들을 직접 눈으로 본 적이 없기 때문일 것입니다.
그러면 지금부터 **태양계 행성들을 찾아** 여행을 떠나보기로 해요.

태양계란 무엇일까?

행성들을 찾아 떠나기 전에 먼저 태양계란 곳에 대해 알아보기로 하겠습니다. 태양계는 영어로는 'solar system', 한자로는 '太陽系'라고 합니다. 요즘 어린이들은 영어나 한자도 잘 알기 때문에 이 정도는 읽을 줄 알 것입니다. 그렇지만 영어나 한자를 읽을 줄은 안다고 해

도 태양계가 정확히 무엇인지를 알기는 쉽지 않네요.

태양계를 한마디로 말하면 '태양의 힘이 미치는 우주 공간'입니다. 여기서 태양의 힘이란 태양의 중력을 말하는 것이겠지요. 넓은 우주 공간 중에서 태양의 중력으로 함께 모여 있는 공간만을 가리켜 태양계라고 합니다.

태양계 질량의 99.9% 이상은 태양이 차지하고 있습니다. 그러니까 사실 질량만으로 보면 태양계에는 태양밖에 없다고 보아도 틀린 말은 아닙니다. 태양을 제외한 나머지 태양계 질량의 70%는 목성이 차지하고 있습니다. 그리고 남은 30%를 지구를 비롯한 나머지 행성과 소행성, 혜성들이 나누어 갖고 있는 것이지요.

그럼 태양계의 크기는 얼마나 될까요? 지구에서 태양까지의 거리는 약 1억 5천만 km입니다. 태양에서 가장 멀리 떨어져 있는 행성인 해왕성까지의 거리는 약 40억 km입니다. 1초에 30만 km를 날아가는 빛으로 가도 약 3시간 40분이나 걸리는 먼 거리에 해왕성이 있습니다. 하지만 그곳이 태

중력
지구의 만유인력과 자전에 의한 원심력의 합으로, 지구가 물체를 지구의 중심 방향으로 끌어당기는 힘을 말한다. 중력의 크기는 지구 상의 위치에 따라 약간의 차이가 있으나, 물체의 질량에 비례하고 지구 중심에서의 거리의 제곱에 반비례한다.

행성
중심 별의 강한 인력의 영향으로 타원궤도를 그리며, 중심 별의 주위를 도는 천체. 스스로 빛을 내지 못하고, 중심 별의 빛을 받아 반사한다. 태양계에는 수성, 금성, 지구, 화성, 목성, 토성, 천왕성, 해왕성의 여덟 개의 행성이 있다.

소행성
화성과 목성 사이의 궤도에서 태양의 둘레를 공전하는 작은 행성. 무수히 많이 존재하며, 대부분 반지름이 50km 이하이다.

혜성
가스 상태의 빛나는 긴 꼬리를 끌고 태양을 초점으로 긴 타원이나 포물선에 가까운 궤도를 그리며 운행하는 천체. 핵, 코마, 꼬리 부분으로 이루어져 있다.

오르트구름

1950년대에 네덜란드의 천문학자 얀 헨드릭 오르트는 태양계의 가장 바깥쪽 공간에 수많은 먼지 얼음 덩어리들이 존재하고 있다가 어떤 원인에 의해서 태양에 이끌리게 됨으로써 혜성이 된다고 주장했는데, 이를 오르트구름이라고 한다.

양계의 끝은 아닙니다. 해왕성까지만 해도 우리나라로 치면 아직 서울을 벗어나지 못한 곳입니다.

현재 과학자들이 생각하는 태양계의 끝은 태양으로부터 약 10조 km에서 20조 km쯤 떨어진 곳입니다. 이 정도의 거리가 얼마나 먼 곳인지 잘 이해가 안 되지요? 이 정도면 빛의 속도로 가더라도 약 1년에서 2년 이상 걸리는 아주 먼 곳입니다. 즉, 태양계의 크기는 태양으로부터 반지름이 1광년 이상인 곳까지입니다.

태양계의 끝부분에는 무엇이 있을까요? 그곳에는 혜성들의 고향으로 알려진 **'오르트구름'** 이라고 하는 얼음 띠가 있을 것으로 생각되고 있습니다. 오르트구름에서 가끔씩 떨어져 나온 얼음 덩어리가 태양으로 끌려오는 것이 바로 혜성입니다.

태양계는 바람개비 모양을 하고 있는 우리은하의 중심에서 약 3만 광년 정도 떨어진 외곽의 나선 팔 속에 있습니다. 태양계는 이곳에서 초속 약 200㎞의 속도로 2억 5,000년 정도에 한 번 꼴로 우리은하를 돌고 있습니다. 초속 200㎞라면 서울에서 부산까지 약 2초 정도에 닿을 수 있을 정도의 빠른 속도입니다. 하지만 태양계는 고속철도보다도 안전하기 때문에 절대로 멀미가 나는 일은 없으니 안심하세요.

다음에는 태양계가 어떻게 만들어졌는지 알아보기로 하겠습니다.

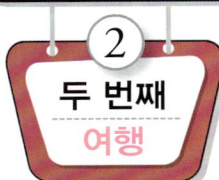

태양계는 어떻게 만들어졌을까?

태양은 지금으로부터 약 50억 년 전에 만들어졌다고 생각되고 있습니다. 50억 년 전쯤 태양계가 있는 이곳은 작은 별구름(성운)이었습니다. 이 별구름은 대부분 수소와 헬륨으로 이루어져 있었고, 다른 무거운 원소들이 조금 섞여 있었습니다. 그런데 태양계 별구름에서 멀지 않은

어느 곳에서 커다란 별이 거대한 폭발을 일으키며 죽음을 맞이하게 되었습니다. 바로 초신성 폭발이라는 것입니다.

그 폭발로 인해 많은 물질들이 우리 태양계 구름 속으로 밀려오게 됩니다. 거기에는 수소와 헬륨 이외에도 탄소, 산소, 철과 같은 무거운 물질들이 많이 포함되어 있었습니다. 이러한 물질들과 태양계의 별구름이 모여서 현재의 태양계를 만든 것입니다.

처음에는 태양만이 만들어졌습니다. 태양을 만들고 남은 물질들 중 무거운 것들은 태양 가까이에 모였고, 가스로 이루어진 가벼운 물질들은 조금 더 먼 곳에 모이게 되었습니다. 이런 물질들은 서로의 중력으로 뭉쳐지면서 서서히 작은 행성 부스러기로 커지게 됩니다. 시간이 지나면

태양계의 탄생(사진출처: 천문우주기획)

17

지구형 행성

지구형 행성이란 수성, 금성, 화성, 지구를 말한다. 밀도가 크고 반지름이 작으며, 단단한 지각을 갖는 행성들이다. 지구형 행성의 대기는 이산화탄소, 질소, 산소 등의 무거운 기체로 구성되어 있지만 대기층이 얇다. 또 수성은 대기를 전혀 갖고 있지 않다. 지구형 행성들은 지구와 가까워서 탐사선을 이용한 관측이 많이 이루어졌는데, 충돌 구덩이와 화산활동 자국이 모두 관측되며 위성은 없거나 그 수가 아주 적다.

목성형 행성

목성형 행성은 목성, 토성, 천왕성, 해왕성을 말하며, 거대한 질량에 비해 작은 밀도를 가지고 있는 행성들을 일컫는다. 목성형 행성의 대기는 수소, 헬륨, 메탄과 같은 가벼운 기체들로 구성되어 있고 태양과 성분이 거의 같아서 원시 대기 형태를 유지하는 것으로 볼 수 있다. 위성을 많이 가지고 있으며 해왕성을 제외한 다른 행성들은 얼음성분의 고리가 있다.

서 작은 행성 부스러기들은 서로 충돌하면서 보다 큰 행성으로 발전했습니다. 결국 지금으로부터 약 46억 년 전 지구를 비롯한 아홉 개의 행성들이 태양 주위에 만들어졌습니다. 그리고 시간이 조금 더 흐르면서 행성들 주위에 하나둘 위성이 만들어지게 됩니다.

행성들의 종류

태양계의 행성들은 크게 두 가지 기준으로 나눌 수 있습니다. 하나는 위치로 나누는 것입니다. 지구보다 안쪽에 있는 수성과 금성은 내행성이라고 합니다. 그리고 화성부터 목성, 토성, 천왕성, 해왕성은 외행성이라고 합니다. 내행성은 태양 근처에서 움직이기 때문에 새벽과 저녁에만 볼 수 있습니다. 하지만 외행성은 그 위치에 따라 어느 시간이든 볼 수 있습니다.

행성들을 나누는 두 번째 기준은 행성을 이루는 물질들입니다. 지구처럼 딱딱한 표면을 갖고 있는 수성, 금성, 화성은 **지구형 행성**이라고 합니다. 반대로 목성처럼 가스로 이루어

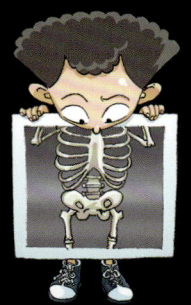

태양계 행성들의 내부 구조

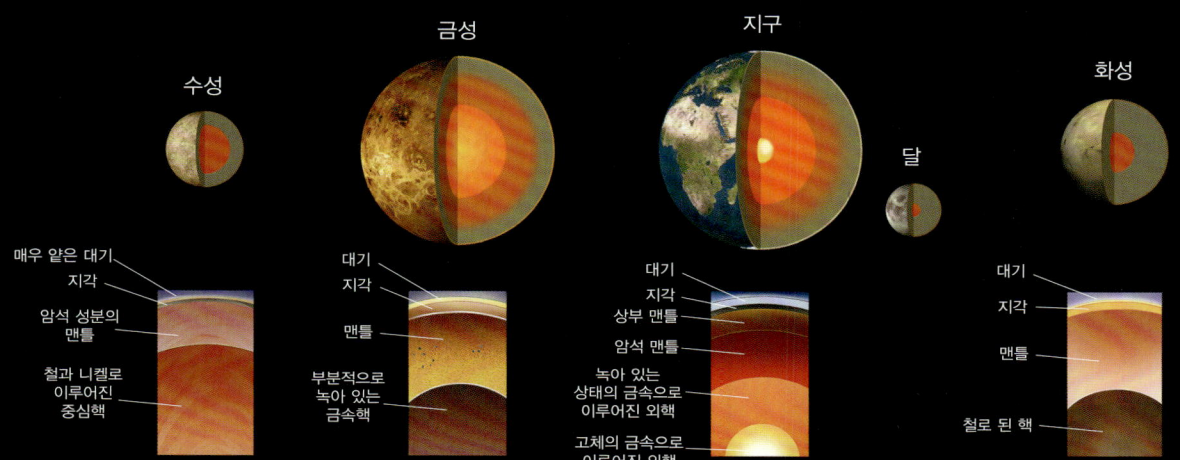

진 토성, 천왕성, 해왕성은 목성형 행성이라고 합니다. 목성형 행성들은 지구형 행성들에 비해 크기가 크고, 대부분 많은 위성을 가지고 있습니다. 또한 모두 토성처럼 얇은 고리를 갖고 있으며, 빠른 속도로 자전을 하는 것이 특징입니다.

그럼 세 번째 여행부터 각각의 행성들에 대해 자세히 알아보기로 하겠습니다.

별의별 우주견문록

3 세 번째 여행

지구의 안쪽을 도는 행성들

태양계의 날쌘돌이 수성

태양에 가장 가까이 있는 행성은 수성입니다. 수성의 영어 이름인 '머큐리(Mercury)'는 그리스 신화에 나오는 전령의 신 **'헤르메스'**에서 유래된 것인데, 신화 속에서 날개 달린 모자와 신발을 신고 신들의 소식을 가장 빨리 전해주는 부지런한 신이 바로 헤르메스입니다. 그 이름처럼 수성은 초당 48km의 빠른 속도로 태양 주위를 공전하고 있습니다.

수성이 한 번 공전하는 데 걸리는 시간은 88일로, 채 석달이 걸리지 않습니다. 수성이 스스로 자전하는 데 걸리는 시간은 58.6일로 세 번 자전

하는 동안 거의 정확히 두 번 공전하는 것도 수성의 특이한 점입니다.

  수성은 새벽이나 저녁에 아주 짧은 시간 동안만 볼 수 있습니다. 이것은 수성이 태양에 아주 가까이 있어서 지구에서 볼 때는 거의 태양과 함께 움직이는 것처럼 보이기 때문입니다.

  따라서 수성을 관측하는 것은 아주 어려운 일입니다. 그런 이유로 옛날에는 수성을 보면 행운이 찾아오고 장수할 수 있다는 전설이 전해지기도 했습니다.

  수성 사진을 보면 달과 무척 비슷하다는 것을 알 수 있습니다.

  다만 **크레이터**의 수가 달보다 적으며 바닥이 얕고 평탄한 것이 특징입니다. 달의 바다와 비슷하게 크레이터가

헤르메스
그리스 신화에 나오는 올림포스 열두 신 중 전령의 신으로, 주신(主神) 제우스와 거인 아틀라스의 딸 마이아 사이에서 태어났다. 신들의 사자(使者)이며 목부(牧夫), 나그네, 상인, 도둑의 수호신으로, 날개 달린 모자와 신을 신고 뱀을 감은 단장을 짚으며 죽은 사람의 망령을 저승으로 인도한다고 한다. 로마 신화의 메르쿠리우스에 해당한다.

크레이터
화산의 분화구나 달 표면에 많은 역원뿔형. 원통형, 타원형으로 움푹 팬 지형을 말한다. 크레이터가 생기는 원인으로는 화산에 의한 것, 운석에 의한 것, 가스 분출에 의한 것 등 여러 가지가 있다. 목성이나 달 등에 있는 크레이터는 유성이 떨어져서 생긴 것이고, 지구에 있는 크레이터는 화산활동에 의해 생긴 것이다.

25

적은 부분이 있지만 달의 바다처럼 검게 보이지는 않습니다. 또한 수성에는 대기가 없기 때문에 온도의 변화가 심해서 태양을 향한 쪽은 무려 450도에 가깝고 반대쪽은 영하 170도 이하로 차갑습니다. 하지만 수성은 거의 똑바로 선 차로 공전하기 때문에 지구처럼 계절의 변화는 없습니다.

수성은 지구의 달보다는 1.4배 정도 크지만 태양계의 행성 중 가장 작은 행성으로, 질량도 지구의 5.5%에 지나지 않습니다. 따라서 중력도 지구의 38%밖에 되지 않아 만약 몸무게가 80kg인 사람이 수성에 간다면 그곳에서는 대략 30kg밖에 되지 않을 것입니다.

가깝고도 먼 이웃, 금성

수성 다음에 위치한 금성은 해와 달을 제외하고는 밤하늘에서 가장 밝게 보이기 때문에 미의 여신 **비너스**의 이름으로 불립니다. 금성은 수성과 같은 내행성으로, 새벽이나 저녁때만 볼 수 있는데 우리나라에서는 보이는 시간에 따라 그 이름을 다르게 불렀습니다. 새벽에 동쪽 하늘에 보이는 금성은 샛별, 계명성이라고 하고 저녁에 서쪽 하늘에 보이는 금성은 개밥바라기, 태백성이란 이름을 갖고 있습니다.

금성은 지구에 가장 가까이 있으며, 크기나 밀도도 지구와 가장 비슷한 쌍둥이와 같은 행성입니다.

비너스

그리스 신화에 나오는 사랑과 미(美)와 풍요(豊饒)의 여신으로, 베누스라고도 한다. 원래는 로마 신화에 나오는 채소밭의 여신이었으나, 그 특성이 그리스 신화의 아프로디테와 일치하여 아프로디테와 동일시되었다.

온실효과

온실효과란 지구에 쏟아지는 태양에너지의 일부가 밖으로 빠져나가지 못하고 지구 대기에 흡수되어 기온이 상승하게 되는 것으로, 마치 대기가 온실의 유리와 같이 열을 막는 효과를 보인다 해서 붙여진 이름이다. 실제로 온실효과는 열을 막는 것이 아니라 열을 품고 있는 것이며 진짜 온실과는 다르다. 주로 대기 중에 포함된 수증기, 이산화탄소, 메탄과 같은 온실 가스에 의해 일어난다.

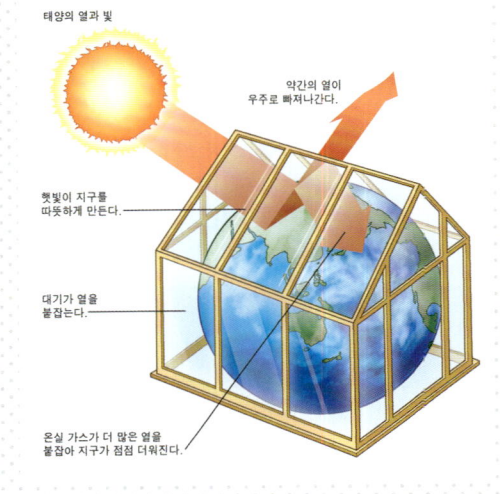

금성의 지름은 1만 2,100km로 지구와 거의 같고, 중력도 지구의 90%로 매우 비슷합니다. 하지만 겉보기 모습을 제외하고는 둘은 달라도 너무 다른 이란성 쌍둥이입니다.

태양계의 행성 중 금성만큼 인간이 살기 힘든 곳도 없을 것입니다. 금성은 짙은 대기로 인해 표면의 압력이 90기압(지구의 대기압은 1기압)이나 되고, 온도도 섭씨 470도가 넘는 거의 용광로와 같은 곳입니다. 태양계에서 태양을 제외하고 표면 온도가 가장 높은 곳을 찾으라면 그곳이 바로 금성입니다. 금성은 수성보다 태양에서 멀리 있지만 짙은 대기로 인한 **온실효과**로 수성보다

금성의 표면(사진출처: NASA)

온도가 더 높아진 것입니다. 해가 비치지 않는 어두운 곳의 온도도 낮 부분과 크게 차이가 나지 않고 뜨겁습니다.

금성에서는 가끔씩 황산 성분을 가진 비가 내리고, 표면에는 용암이 흐르기도 합니다. 그런 이유로 우주 탐사에서 금성에 우주선을 착륙시키는 것만큼 어려운 일도 없었습니다. 우주선이 황산에 부식되어 모두 녹아버렸기 때문입니다.

금성이 스스로 자전하는 시간은 지구 시간으로 243일로, 공전주기인 224일보다도 19일이나 더 깁니다. 금성에서 재미있는 것은 자전하는 방향이 공전 방향과 반대라는 것입니다. 즉, 지구를 기준으로 볼 때 해가 서쪽에서 뜨는 곳이 바로 금성입니다. 누가 "내일은 해가 서쪽에서 뜨겠네"라는 말을 한다면 그곳은 지구가 아니라 금성입니다.

지구에서 볼 때 금성이 가장 밝게 보이는 것은 거리가 가까운 데도 이유가 있지만, 금성 대기의 윗부분이 진한 황산 구름으로 덮여 있기 때문입니다. 이 황산은 태양빛을 반사시키는 능력이 무척 뛰어나 금성을 가장 밝은 행성으로 보이게 합니다. 실제 금성의 대기는 97% 이상이 이산화탄소로 이루어져 있습니다. 또한 표면은 80% 이상이 화산과 그 분출

물로 덮여 있습니다. 그리고 용암이 흐르면서 만들어낸 강줄기 모양의 지형들이 많이 있습니다.

　미의 여신 아프로디테(비너스)로 불리는 금성. 하지만 지옥을 연상케 하는 불바다. 금성은 우리에게는 정말 가깝고도 먼 이웃이라고 보아도 될 것 같습니다.

태양에서 행성들까지의 거리에는 어떤 특별한 법칙이 있다고 하는데, 맞나요?

1772년에 독일의 천문학자인 보데(Johann Bode, 1747~1826)는 태양으로부터 행성들까지의 거리 사이에 특별한 법칙이 있다는 것을 발표했습니다. 이것을 보데의 법칙(티티우스-보데의 법칙이라고도 함)이라고 합니다.

4, 4+3, 4+3×2, 4+3×2×2, 4+3×2×2×2, 4+3×2×2×2×2, ……

위의 숫자를 10으로 나누면 그것이 바로 각 행성의 거리가 됩니다. 여기서 거리의 단위가 되는 것은 지구와 태양 사이의 거리입니다. 이 거리는 1천문단위(1AU)라고 부르는 것으로, 약 1억 5천만 km를 말합니다. 자, 위의 숫자들을 10으로 한번 나누어 보세요.

0.4, 0.7, 1, 1.6, 2.8, 5.6, ……

이런 숫자들이 나오게 되지요. 보데는 이것이 바로 행성들의 거리라고 생각했습니다.

실제로 태양에서 수성까지의 거리는 0.39천문단위입니다. 그리고 금성은 0.72천문단위, 지구는 1천문단위, 화성은 1.5천문단위, 목성은 5.2천문단위가 되지요. 보데의 법칙은 매우 그럴듯하게 행성들의 거리를 맞혔습니다.

보데가 이 법칙을 발견했을 때만 해도 태양계의 행성은 토성까지였습니다. 보데는 이 법칙을 근거로 토성 뒤에도 새로운 행성이 더 있을 것이라고 주장했습니다. 1781년에 영국의 허셜이 새로운 행성을 발견했을 때 그 이름을 천왕성으로 제안한 사람도 바로 보데입니다.

보데의 법칙에 따르면 화성과 목성 사이에 하나의 행성이 더 있어야 하는데 실제로는 그런

보데

보데의 법칙 또는 티티우스-보데의 법칙을 발표한 것으로 유명하다. 이 법칙은 태양에서 각 행성까지의 평균 거리를 수학적으로 표현한 경험식이다. 베를린 천문대 대장(1786~1825)을 지냈으며, 저서로는 1만 7,240개의 별과 성운의 목록이 들어 있는 20개의 성도를 모은 〈천체도(Uranographia)〉(1801)가 있다.

행성이 없었습니다. 보데는 이곳에서 하나의 행성이 사라졌다고 생각했습니다. 1801년에 천문학자들은 보데가 예측했던 그 위치에서 세레스로 이름 붙여진 소행성을 발견합니다. 결국 그곳에는 하나의 행성이 아닌 수많은 작은 소행성들이 모여 있는 것이 알려지게 되고, 이곳은 소행성대로 불려지게 되었습니다.

보데의 법칙은 천왕성 이후부터는 오차가 무척 커집니다. 따라서 천문학자들은 이것을 특별한 법칙이 아닌 우연의 일치 정도로 생각하고 있습니다. 하지만 우연의 일치라도 이런 법칙을 밝혀낸 보데라는 천문학자가 정말 대단하지 않나요?

허셜

영국의 천문학자(1738~1822). 대형 반사망원경을 제작하였으며, 1781년에 천왕성을 발견하였다. 통계항성(統計恒星) 천문학의 창시자이다.

내행성이 외행성에 비해 보이는 모습이 다른 이유는 무엇인가요?

수성과 금성처럼 지구보다 안쪽에서 도는 행성을 내행성이라고 합니다. 그리고 지구보다 바깥쪽에서 공전하는 화성부터의 행성을 외행성이라고 합니다.

내행성은 그 위치 때문에 태양에서 멀리 떨어질 수 없고 항상 태양 가까운 곳에서 보입니다. 즉, 내행성은 해가 지고 난 후에 서쪽 하늘이나 해가 뜨기 전에 동쪽 하늘에서만 보입니다.

망원경으로 내행성을 보면 태양 쪽으로 향한 면만 밝게 보이고 그 반대편은 어둡게 보입니다. 내행성은 마치 우리가 맨눈으로 보는 달과 같은 모양을 하고 있지요.

따라서 수성이나 금성은 지구에서 완전히 둥근 모습을 관찰할 수는 없습니다. 수성이나 금성이 완전히 둥글게 보이기 위해서는 태양빛을 전면에서 받아야 하는데, 그 경우 태양 때문에 이들을 볼 수 없기 때문입니다.

결국 내행성은 지구에 가까이 올수록 초승달이나 그믐달처럼 찌그러지게 되고, 멀리 갈수록 보름달에 가까운 모습을 하게 됩니다.

행성 중에서 지구와 가장 비슷한 행성은 무엇인가요?

크기로만 본다면 금성이 지구와 가장 비슷한 행성입니다. 금성은 적도의 반지름이 6,000km로 지구의 적도 반지름인 약 6,400km와 거의 비슷합니다. 금성은 질량도 지구의 약 80% 정도로 행성 중에서는 지구와 가장 비슷합니다. 하지만 그 외의 다른 특성은 금성과 지구가 매우 다릅니다. 표면의 온도만을 놓고 본다면 화성이 지구와 가장 비슷합니다. 화성의 평균 온도는 영하 50도 정도로, 지구의 극 지방과 비슷합니다. 또한 화성은 자전축의 기울기가 25도로 지구의 23.5도와 거의 비슷해서 사계절의 변화가 있고, 자전하는 시간도 24시간이 조금 넘어서 환경 면에서는 지구와 가장 비슷한 행성이라고 할 수 있습니다.

중력이 지구와 가장 비슷한 행성은 토성입니다. 토성은 지구에 비해 질량이 100배 정도나 무겁지만 워낙 가벼운 물질들로 이루어져 있기 때문에 실제 중력은 지구의 94% 정도밖에 되지 않습니다.

수성과 금성에 위성이 없는 이유는 무엇인가요?

수성과 금성은 태양계의 행성 중 위성이 없는 단 두 개의 행성입니다. 수성과 금성에 위성이 없는 이유는 크기 때문이 아닙니다. 크기로만 보면 가장 작은 명왕성도 하나의 위성을 가지고 있으니까요. 수성과 금성이 위성을 갖지 못하는 가장 큰 이유는 바로 태양이 가까이에 있다는 것입니다. 태양의 큰 중력으로 인해 수성과 금성 근처의 천체는 모두 태양으로 빨려들어가게 됩니다. 아마 수성과 금성이 처음 만들어졌을 때는 그곳에도 작은 위성이 있었을지도 모릅니다. 하지만 그런 위성이 있었다고 하더라도 시간이 지나면서 태양의 중력에 이끌려 모두 없어졌을 것입니다. 과거에 금성에서 위성이 발견되었다는 기록이 있었습니다. 하지만 현재의 발달된 관측 기술로도 그 위성을 발견할 수 없습니다. 아마 발견 기록이 잘못되었거나 이미 태양으로 빨려들어갔기 때문일 것입니다.

지구형 행성들이 목성형 행성들에 비해 안쪽에 있는 이유는 무엇인가요?

수성, 금성, 지구, 화성과 같이 딱딱한 표면을 가진 지구형 행성들은 목성, 토성, 천왕성, 해왕성처럼 가스로 이루어진 목성형 행성들에 비해 태양에 가까운 안쪽 궤도를 돌고 있습니다. 지구형 행성들이 이처럼 안쪽에 위치하는 이유는 태양계의 탄생 과정에서 비롯되었습니다. 원시 태양이 만들어지면서 태양으로부터 바깥쪽으로 뜨거운 열과 커다란 충격파가 전달됩니다. 그 결과 지구형 행성을 만드는 무거운 입자들에 비해 목성형 행성을 만드는 가벼운 가스들은 훨씬 더 뒤로 밀리게 된 것입니다. 그리고 서서히 시간이 지나면서 이런 입자들과 가스들이 모여서 행성을 만들게 됩니다.

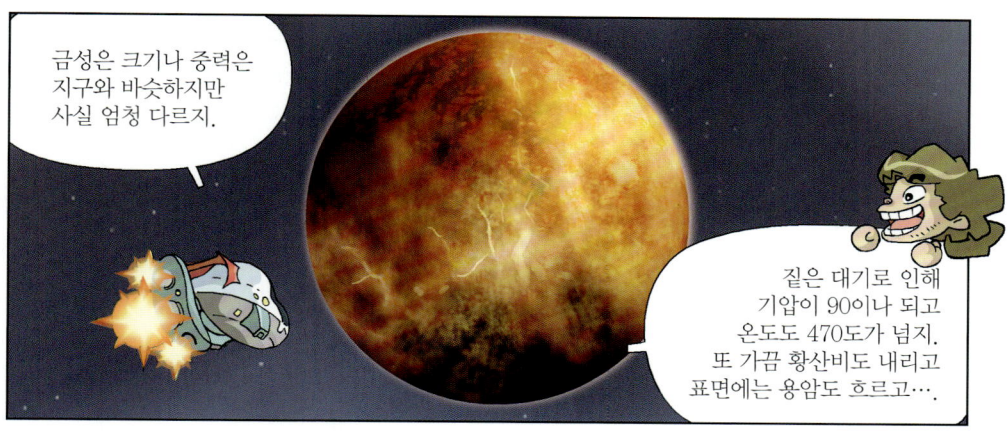

인류의 미래, 화성

태양으로부터 네 번째에 위치한 화성은 태양계에서 지구와 환경이 가장 비슷한 행성입니다. 화성의 하루는 약 24시간으로 지구의 하루와 거의 같습니다. 화성의 1년은 지구의 2년과 거의 비슷합니다. 또한 지구가 23.5도 기울어져서 공전하고 있는 것처럼 화성도 25도 정도 기울어져서 공전합니다.

그러면 화성은 지구와 얼마나 닮았을까요? 또 지구와 다른 점은 무엇일까요?

먼저 다른 점을 알아보기로 하겠습니다. 화성이 지구와 다른 가장 큰 특징은 바로 지구보다 멀리 있기 때문에 나타나는 현상들입니다. 화성은 태양계의 네 번째 행성으로 태양으로부터의 거리는 지구보다 약 1.5배 더 먼 2억 3천만 ㎞ 정도입니다. 이러한 거리 차이로 인해 화성에서는 태양의 중력이나 에너지가 지구에 비해 훨씬 적게 미칩니다. 그 결과 화성은 지구보다 먼 궤도를 지구보다 느린 속도로 공전하게 되어 화성의 1년은 지구보다 긴 687일(약 1.9년)이 됩니다. 또한 화성에서 바라보는 태양은 지구에서 보는 태양보다 지름이 60% 정도나 작아지기 때문에 화성의

지구와 화성

평균 온도는 지구의 극지방보다도 추운 영하 50도 정도가 됩니다.

화성과 지구의 또 다른 차이점은 크기에 있습니다. 화성의 지름은 6,800km로 지구의 절반 정도이고 질량도 지구의 10%밖에 되지 않습니다. 그 결과 화성의 중력은 지구 중력의 38% 정도로, 몸무게가 40kg인 어린이가 화성에 가면 15kg 정도밖에 되지 않습니다. 대기는 대부분 이산화탄소로 되어 있는데 작은 중력으로 인해 기압이 지구의 1% 정도밖에 되지 않습니다. 이 정도면 지구에서는 여객기가 날아가는 고도보다 더 높은 약 3만 m 정도의 하늘에서나 느낄 수 있는 기압입니다. 지구에서도 그 정도 높이라면 산소마스크와 특별한 옷을 입지 않고는 견딜 수 없겠지요. 이 정도 기압에서는 공기가 있다고 해도 살 수가 없습니다. 가장 큰 이유 중의 하나는 기압이 낮아지면 물의 끓는 온도가 내려갑니다. 기압이 낮은 산 위에서는 100도가 되기 전에 물이 끓습니다. 기압이 높은 압력밥솥에서는 100도 이상의 높은 온도에서 물이 끓지요. 지구의 10%밖에 안 되는 기압에서는 물이 끓는 온도가 사람의 체온 정도밖에 안 됩니다. 사람 몸의 70%가 물이라는 것을 생각해보면 사람이 이 정도

화성의 지표면

기압에 노출되면 어떻게 될지 상상이 되겠지요. 거의 진공에 있을 때와 비슷한 현상이 나타나게 됩니다.

화성은 오래전부터 붉은 행성으로 알려져 왔습니다. 이 붉은색이 피를 상징한다고 해서 화성의 영어 이름은 전쟁의 신인 마르스를 따서 붙여졌습니다.

화성이 붉게 보이는 이유는 화성 표면이 대부분 붉은 산화철로 덮여 있기 때문입니다. 산화철은 철과 산소가 결합되어 만들어진 것이기 때문에 과거 화성에 산소가 많았다는 것을 알 수 있습니다.

또한 화성에는 물이 흘렀던 강의 흔적도 남아 있고 지금도 지하세계에 물이 있을 것이라는 증거가 많이 발견되고 있습니다. 화성의 남극과 북극에는 지구의 극지방과 같이 얼어 있는 부분이 보입니다. 이곳은 극관이라고 하는 곳인데 주로 이산화탄소가 얼어붙은 드라이아이스 상태로 되어 있습니다.

마르스

마르스(Mars)는 로마 신화에서 전쟁의 신으로, 유노와 유피테르의 아들이다. 마르스란 이름은 인도유럽어가 아니라 에트루스의 농경신 마리스(Maris)의 라틴어 번역일 것이다. 원래는 로마의 풍요와 농경의 신으로 가축, 경지의 수호신이었으나 로마 제국이 확장해 가면서 전쟁과 연관지어졌으며, 그리스 신화의 아레스와 동일시되었다.

극관

화성의 극지방에서 얼음으로 덮여 하얗게 빛나 보이는 부분을 말한다. 남북 양극에서 동시에 볼 수 없기에 수증기가 교대로 극을 이동한다는 설, 드라이아이스로 구성되었다는 설, 수증기에 의한 눈이라는 설 등이 있다.

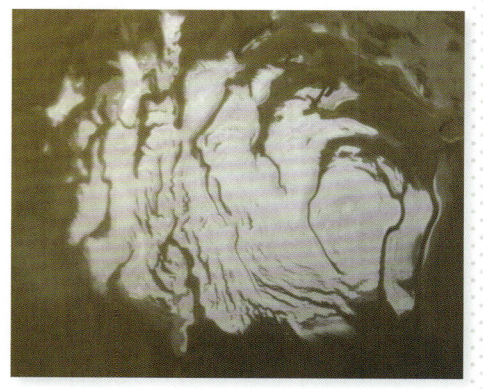

화성에는 '**포보스**'와 '**데이모스**'라는 두 개의 작은 달이 있는데 이들은 각각 지름이 28km와 16km 정도로 무척 작으며, 지구의 달처럼 둥근 모습이 아닌 찌그러진 감자 모양을 하고 있습니다.

1976년에 바이킹 탐사선이 화성에 착륙한 이래 인류는 화성에 기지를 건설하기 위한 작업을 꾸준히 수행하고 있습니다. 하지만 화성은 아직도 많은 비밀에 싸여 있습니다. 1962년 이래 시도한 25건의 화성 탐사계획 중 절반 이상이 실패로 끝난 것도 화성을 더욱 신비스럽게 하는 이유 중의 하나일 것입니다. 최근 들어 화성에서 생명체의 존재를 암시하는 여러 가지 증거들이 발견되고 있습니다. 하지만 화성에 생명체가 있었다고 하더라도 인간과 같은 고등 생명체가 아닌 단세포 생물 정도였을 것이라는 것이 일반적인 생각입니다.

미항공우주국은 2030년까지 화성에 인간이 거주하는 기지를 만들겠다는 계획을 발표했습니다. 머지않은 미래에 유인 우주선이 화성을 방

포보스
1877년에 미국의 천문학자 홀이 발견한 화성의 위성이다. 반지름이 약 6km인 작은 천체로, 화성으로부터의 평균 거리는 9,378km이고, 공전 주기는 7시간 39분이다. 평균 밝기는 11등급이다.

데이모스
1877년에 홀이 발견한 화성의 제2 위성이다. 지름이 8km인 작은 천체로 거의 원궤도를 그린다. 소행성이 화성의 인력에 붙들린 것으로 추측된다.

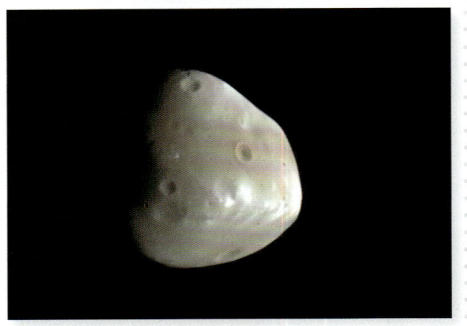

화성의 위성인 포보스와 데이모스

문할 것입니다. 인류가 이렇게 화성 탐사에 많은 힘을 쏟는 이유는 바로 화성이 미래에 인류가 생활할 수 있는 행성이기 때문입니다.

1976년에 바이킹 탐사선이 화성에 착륙한 이래 인류는 화성에 기지를 건설하기 위한 작업을 꾸준히 수행하고 있습니다. 하지만 화성은 아직도 많은 비밀에 싸여 있습니다. 1962년 이래 시도한 25건의 화성 탐사계획 중 절반 이상이 실패로 끝난 것도 화성을 더욱 신비스럽게 하는 이유 중의 하나일 것입니다.

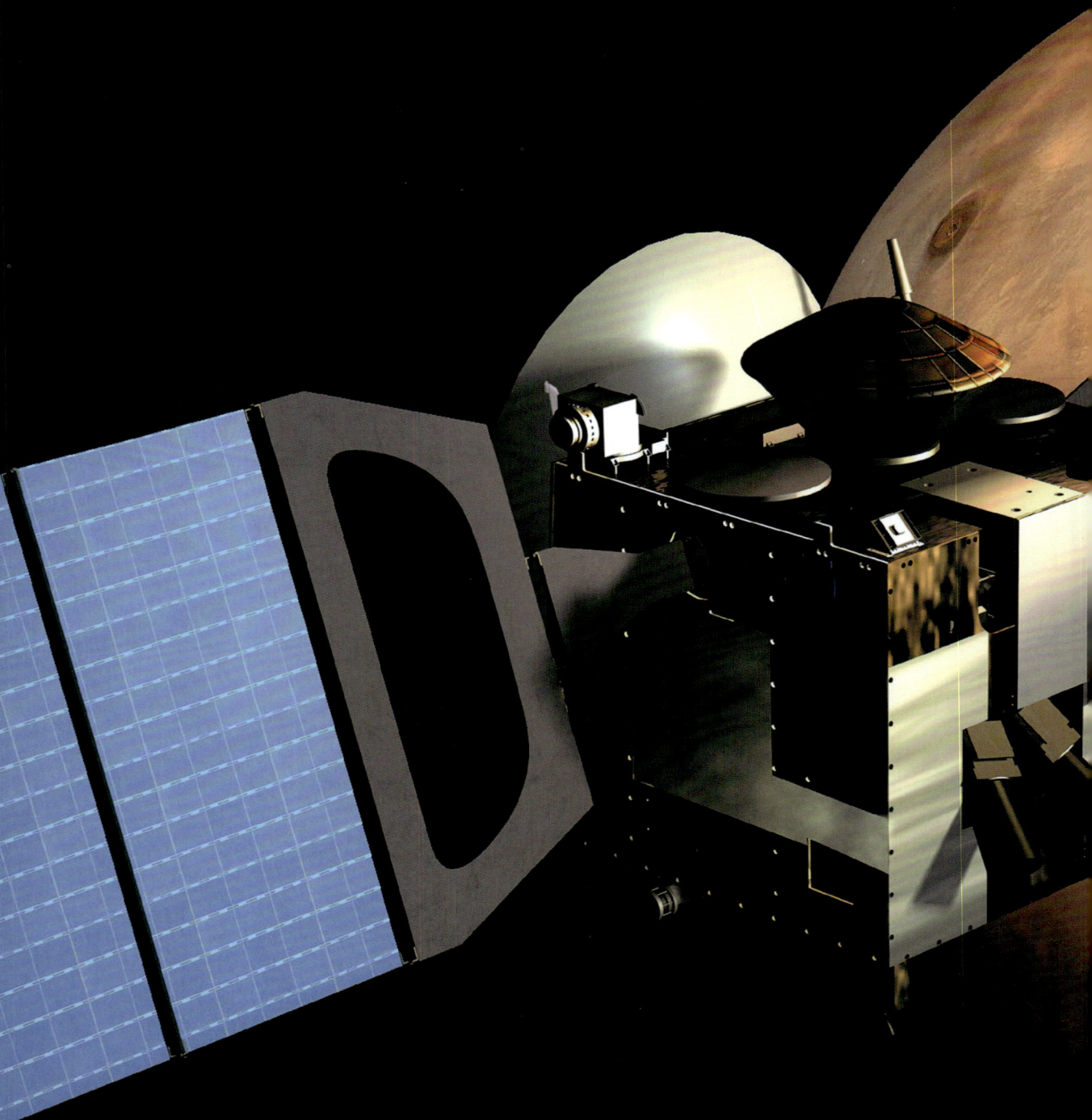

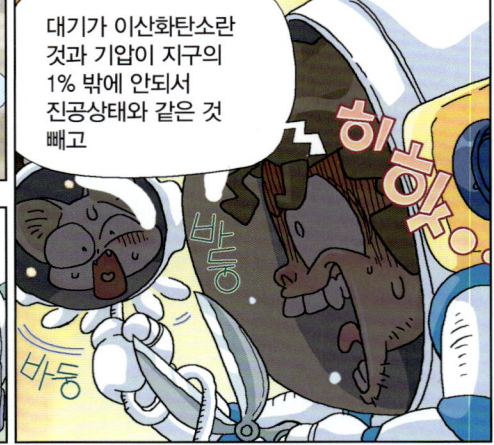

별의별 우주견문록
5 다섯 번째 여행

태양이 되지 못한 행성, 목성

태양과 달, 금성을 제외하고 밤하늘에서 가장 밝게 보이는 목성은 그리스 신화의 최고신인 <mark>주피터</mark>(제우스)의 이름을 갖고 있습니다. 소형 망원경으로 보이는 네 개의 달은 갈릴레이가 최초로 발견했기 때문에 갈릴레이 위성으로 불립니다.

태양으로부터 약 7억 8,000㎞ 떨어져 있는 목성은 지름이 14만 3,000㎞

정도로 태양계의 행성 중에서 가장 큽니다. 목성이 한 번 공전하는 데 걸리는 시간은 11.86년이지만 자전 주기는 9시간 55분으로 행성 중에서 가장 빠릅니다. 목성은 태양과 마찬가지로 대부분이 수소와 헬륨으로 이루어진 가스 덩어리입니다. 대기는 주로 수소와 헬륨으로 이루어져 있으며 약간의 암모니아와 메탄이 있습니다. 목성의 표면에는 대기의 흐름으로 인해 흰색과 갈색의 소용돌이 모양의 구름들이 보입니다. 특히 적도 아래 부분에는 '대적점'이라고 불리는 지구 크기의 두 배나 되는 커다란 붉은 소용돌이가 보입

주피터

제우스(Zeus)는 크로노스(토성)의 막내아들로, 주피터(Jupiter)는 제우스의 로마식 이름이다. 제우스는 아버지 크로노스를 물리치고 신들의 왕이 되었다.
사실 목성의 밝기는 천구 상에서 태양, 달, 금성에 이어 네 번째이며, 때로 화성보다 어두울 때도 있다. 그런데 그리스인들이 신들의 왕의 이름을 목성에 붙인 것은 그들의 뛰어난 예견력으로밖에 볼 수 없다. 왜냐하면 당시까지 목성이 행성 중에서 가장 크다는 사실은 알려지지 않았기 때문이다.

이오
1610년에 갈릴레이가 발견한 목성의 4대 위성 중 가장 안쪽에 있는 위성.

유로파
에우로파라고도 하며 목성의 위성 가운데 네 번째로 큰 위성이다. 1610년에 갈릴레이에 의해 발견되었고, 이름은 그리스 신화에서 제우스의 연인들 중의 한 명인 에우로파에서 따왔다.

가니메데
목성의 둘레를 돌고 있는 네 개의 갈릴레이 위성 가운데 세 번째 위성. 그리스 신화에 나오는 미소년 가니메데스의 이름을 딴 것으로, 목성의 위성 가운데 가장 크고 밝다.

칼리스토
갈릴레이 위성 중의 하나이다. 목성의 위성 중에서 크기가 가니메데 다음으로 크고, 표면은 검은 얼음으로 덮여 있으며, 가니메데와 마찬가지로 크레이터가 있다.

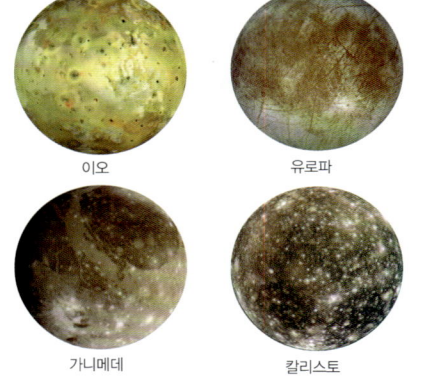

이오 / 유로파 / 가니메데 / 칼리스토

니다. 대적점은 지구의 태풍과 비슷한 구름의 흐름으로 여겨지고 있지만, 어떻게 이런 것이 만들어졌고, 왜 거의 같은 모습으로 유지되고 있는지에 대해서는 아직까지도 정확한 이유가 밝혀지고 있지 않습니다.

목성은 태양계에서 위성을 가장 많이 가지고 있는 행성으로 2009년 초까지 모두 63개의 위성이 발견되었습니다. 그중 갈릴레이 위성으로 불리는 이오, 유로파, 가니메데, 칼리스토는 소형 망원경으로도 쉽게 볼 수 있을 정도로 큽니다. 갈릴레이 위성 중 이오는 화산 활동이 진행되고 있는 유일한 위성으로 알려져 있고, 유로파는 얼음 표면 아래에 생명체가 존재할지 모르는 거대한 바다가 있을 것으로 여겨지고 있습니다. 그리고 그중 가장 큰 가니메데는 태양계에서 가장 큰 위성으로 수성보다도 훨씬 큽니다.

1979년에는 보이저 1호가 목성 근처를 지나면서 목성에도 토성과 같은 고리가 있다는 것이 발견되었습니다.

만일 태양계에 목성이 없었거나 지금보다 크기가 훨씬 작았다면 지구에는 어떤 일이 벌어졌을까요? 목성이 없었다면 현재 지구에는 인간이 살 수 없었을지도 모릅니다. 목성은 지구를 지키는 중요한 방패 역할을 하고 있습니다.

1994년 여름, 커다란 혜성 하나가 산산조각이 나서 목성과 충돌한 사건이 있었습니다. 슈메이커-레비9로 알려진 이 혜성은 목성에 너무 가까이 접근했기 때문에 목성의 중력을 감당하지 못하고 부서져서 목성과 충돌한 것입니다. 만약 그런 혜성이 지구와 충돌했

슈메이커-레비9

1994년 7월 16일에 목성과 충돌한 혜성이다. 충돌 당시 전 세계 천문학자들의 관심을 모았으며, 방송에서 화제가 되기도 했다. 외계 물체 중 최초로 태양계의 물체에 충돌하는 것이 직접 관찰된 것이다.
이 혜성은 유진 슈메이커와 캐롤린 슈메이커, 그리고 데이비드 레비가 1993년 3월 24일에 발견하였다.

슈메이커-레비9 혜성(사진출처: NASA)

다면 어떤 일이 벌어졌을까요? 공룡이 멸망했던 것처럼 지구 위의 생명체 중 상당수가 죽게 되었을 것입니다.

　천문학자들이 계산해 본 결과 만약 목성이 없었다면 혜성이 지구와 충돌할 확률이 지금보다 1,000배는 더 늘어났을 것이라고 합니다. 그 계산이 맞는다면 수만 년에 한 번 꼴로 혜성이 지구와 충돌했을 것이고, 그때마다 대부분의 생명체는 지구에서 사라졌을 것입니다. 인류가 현재의 문명을 이루고 살 수 있었던 것도 목성과 같은 큰 행성이 혜성의 충돌로부터 지구를 보호해 주고 있기 때문일지도 모릅니다. 목성이 지구보다 안쪽에 있지 않고 바깥쪽에 있는 것이 얼마나 다행스런 일인가요.

　이번에는 반대의 상상을 해 보겠습니다. 만약 목성이 조금만 더 컸다면 어떤 일이 벌어졌을까요? 목성은 태양과 마찬가지로 대부분 수소로 이루어진 천체입니다. 만약 목성이 조금만 더 커서 태양 질량의 1% 정도만 되었다면 목성은 스스로 빛을 내는 별이 되었을 것입니다. 그렇게 되면 지구에는 태양이 두 개가 있게 되는 것이지요. 해가 질 무렵 목성이 떠오른다고 상상해 보세요. 지구에는 한동안 낮만 계속될 것입니다. 밤

시간이 거의 없어지기 때문에 밤하늘의 별을 본다는 것은 아주 힘든 일이 될 것입니다. 별을 볼 수 없기 때문에 우주에 대해 알 수 있는 기회가 그만큼 줄어들 것입니다. 천문학의 발달도 늦어졌을 것이고 인간의 우주 개발은 지금보다 훨씬 느렸을 것입니다. 또한 지구의 온도도 지금보다는 조금 더 높았을 것입니다. 따라서 지구의 생명체도 지금과는 다르지 않았을까 여겨집니다. 물론 목성의 위성이나 화성에 또 다른 생명체가 나타났을 수도 있고, 지구는 생명체가 살 수 있는 유일한 행성이 아니었을 수도 있었을 것입니다.

사실 별들을 관찰해 보면 두세 개의 별이 함께 모여 있는 경우도 매우 흔한 일입니다. 목성이 별이 되지 못하고 커다란 행성으로 남은 것은 우리 인간에게는 아주 고마운 일이었던 것 같습니다.

행성들의 위성 개수가 책마다 다르게 나오는 이유는 무엇일까요?

중고등학교 교과서를 보면 토성이 위성 18개로 가장 많은 위성을 가진 행성으로 나옵니다. 또한 천문학에 대한 여러 가지 책을 보면 책마다 위성의 개수들이 조금씩 다르게 나오는 것을 볼 수 있습니다. 그 이유는 지금도 위성이 계속 발견되고 있기 때문입니다. 목성형 행성인 목성, 토성, 천왕성, 해왕성은 정확히 얼마나 많은 위성을 갖고 있는지도 알 수 없습니다. 탐사선이 근처를 지날 때마다 새로운 위성이 계속 발견되고 있기 때문이지요. 따라서 지구형 행성의 위성 개수는 고정되어 있지만 목성형 행성의 위성을 정확히 몇 개라고 단정할 수는 없습니다. 하지만 지금까지의 관측 결과로 보면 목성이 가장 많은 위성을 갖고 있다는 것은 확실한 것 같습니다.

목성

행성계의 절대 강자! 목성! 어때 포스가 느껴지지 않냐?

좀 크긴 하네요.

그게 아니쥐!

목성은 수소와 헬륨으로 이루어진 가스 덩어리인데 지름이 14만 3,000km로 태양계에서 가장 큰 행성이야.

대기의 흐름때문에 생긴 소용돌이 모양이 있는데 적도 아래에 '대적점'이라고 불리는 지구보다 2배나 큰 소용돌이도 있어.

공전하는 데는 11.86년이 걸리고 자전하는데 9시간 55분이 걸려. 자전 주기가 행성중에 가장 빨라!

자고 일어나서 밥 먹으면 하루가 다 가겠네요.

그런가?

어쩌라규…

 별난 과학 선생님의 우주견문-

별의별 우주견문록

6 여섯 번째 여행

아름다운 고리를 가진 토성

태양계의 여섯 번째 행성인 토성은 아름다운 고리를 갖고 있어서 망원경 속에서 가장 멋진 모습으로 보이는 천체입니다. 토성의 고리를 처음 발견한 사람은 갈릴레이였는데, 그 당시 조그마한 망원경에 보인 토성의 고리가 마치 행성에 귀가 붙어 있는 것처럼 보여 '귀를 가진 행성'으로 불리기도 했습니다. 토성의 고리는 대부분 얼음과 먼지, 작은 암

석 부스러기로 이루어진 1만 개 이상의 작은 띠로 구성되어 있습니다.

　토성의 고리는 어떻게 만들어졌을까요? 여기에는 여러 가지 이론이 있습니다. 토성이 만들어졌을 때 그 주위에 있던 얼음이나 작은 암석 부스러기들이 그대로 남아서 고리가 되었거나, 토성의 위성에 충돌한 혜성이나 소행성의 조각들이 고리가 되었다는 이론도 있습니다. 하지만 가장 그럴듯한 것은 고리가 토성 가까이에 접근해서 부서진 위성이나 작은 천체의 부스러기들이라는 것입니다.

　토성은 목성과 마찬가지로 대부분 수소와 헬륨으로 이루어진 가스덩어리입니다. 대기는 수소와 헬륨이 대부분이고 약간의 메탄과 암모니아가 포함되어 있습니다. 토성은 태양계의 행성들 중에서 가장 밀도가 작고, 물보다도 비중이 작아서 커다란 바다가 있다면 그 위에 뜰 수 있다고 합니다. 물론 토성을 띄울 만한 바다가 있을지는 모르는 일입니다.

　토성은 지름이 12만 ㎞로 태양계에서 두 번째로 큰 행성이며, 한 번 공

카시니호
카시니─호이겐스(Cassini─Huygens)호라고도 하며, 1997년 10월 12일에 미국 플로리다 주 케이프커내버럴 공군기지에서 발사된 토성 탐사선. 카시니호는 7년 동안 35억 km에 이르는 우주여행을 한 뒤 2004년 7월 1일 토성 주위 궤도에 돌입했다.

호이겐스호
2005년 12월 25일에 카시니호에 탑재된 호이겐스 탐사선이 분리되었으며, 2005년 1월 14일 토성의 위성 가운데 하나인 타이탄의 대기권에 진입하여 무사히 착륙했다.

타이탄
1655년에 호이겐스가 발견한 것으로, 토성의 위성 가운데 가장 크다. 공전 주기는 16일이고, 반지름은 2,575km로 달보다 크며, 밝기는 8등급이다. 주로 질소로 이루어진 많은 양의 대기를 갖고 있다.

전하는 데 걸리는 시간은 29.5년, 자전 주기는 10시간 40분입니다. 태양으로부터의 거리는 약 14억 km로 표면 온도는 영하 180도 정도이며, 질량은 지구의 95배나 되지만 중력은 지구와 거의 비슷한 행성입니다. 토성은 목성 다음으로 많은 위성이 있는데 2009년 초까지 발견된 위성의 수는 60개입니다. 그중 가장 큰 위성인 타이탄은 태양계에서 두 번째로 큰 위성으로 수성보다 크며, 지름이 5,150km로 지구의 위성인 달보다도 1.5배나 큽니다.

2004년 7월 1일, 미국은 우주탐사선 카시니호를 토성 궤도에 성공적으로 진입시켰고, 12월 25일에는 토성의 위성인 타이탄을 탐사하기 위해 착륙선 호이겐스호를 발사했습니다.

과학자들이 탐사선까지 착륙시키면서 타이탄에 관심을 보이고 있는 것은 타이탄에서 지구 생명 탄생의 비밀을 밝히는 열쇠를 찾을 수 있지 않을까 하는 기대감에서입니다. 타이탄은 태양계에서 유일하게 대기를 갖고 있는 위성으로 그 대기가 지구의 초기 대기와 매우 흡사하다는 데 많은 관심이 쏠리고 있습니다. 지구형 행성의 경우 지구 이외에 이런 대기를 가진 곳은 타이탄이 유일합니다. 금성과 화성의 경우는 대부분 이산화탄소로 이루어진 대기를 갖고 있기 때문입니다.

  타이탄의 대기는 대부분 지구와 같은 질소이며, 일부 메탄가스가 포함되어 있는 것으로 여겨지고 있습니다. 이 메탄가스는 태양빛을 받아 분해되면서 액체 상태의 탄화수소 화합물을 만들게 됩니다. 따라서 과학자들은 액체 탄화수소로 된 바다나 호수가 타이탄에 존재하며, 그 모습은 마치 40억 년쯤 전의 지구에 생명체가 처음 생겼을 때와 비슷할 것으로 기대하고 있습니다.

타이탄에 착륙한 호이겐스호

밤하늘에서 행성들을 쉽게 찾을 수 있는 방법이 있나요?

 밤하늘에 반짝이는 별을 보고 있으면 그중에 어느 것이 별이고 또 어느 것이 행성인지를 쉽게 구별하기 어려울 것 같다는 생각이 들 것입니다. 하지만 별과 행성을 구별하는 것은 그렇게 어려운 일이 아닙니다. 특히 맨눈으로 볼 수 있는 다섯 개의 행성, 즉 수성, 금성, 화성, 목성, 토성은 밤하늘에 대해 조금만 알게 되면 쉽게 구별할 수 있습니다.

 행성을 구별하는 첫 번째 방법은 반짝임입니다. 별들이 반짝반짝 빛나는 것에 비해 행성들은 반짝임이 거의 없습니다. 별빛이 반짝이는 이유는 빛이 대기를 통과하면서 공기나 먼지 입자와 부딪혀서 흔들리기 때문입니다. 이것을 산란이라고 합니다. 행성들은 지구에서 볼 때 별들에 비해 훨씬 크기 때문에 산란에 의한 빛의 흔들림을 거의 느낄 수 없습니다.

 두 번째 방법은 밝기입니다. 다섯 개의 행성은 일반적인 별보다 훨씬 밝게 보입니다. 가장 밝은 금성은 1등성보다도 거의 100배 정도 더 밝으며, 목성만 해도 10배 이상 더 밝습니다. 수성이나 화성, 토성도 1등성이나 그 이상의 밝기로 보이기 때문에 밤하늘에 보이는 1등성의 위치만 알아도 행성들을 구별하기는 어렵지 않습니다. 화성은 다른 별들에 비해 훨씬 붉게 보이기 때문에 색만으로도 구별이 될 것입니다.

 세 번째 방법은 행성들의 위치입니다. 태양계의 행성들도 태양과 마찬가지로 거의 황도 위를 움직입니다. 따라서 황도 위에 있는 열두 개의 별자리, 즉 황도 12궁 속에 행성들이 위치하게 되는 것입니다. 목성은 황도를 따라 일 년에 한 별자리 정도씩만 움직이고, 토성은 그보다 더 느리게 움직이기 때문에 한 번 위치를 알고 나면 다시 찾는 일은 어렵지 않을 것입니다.

금성(좌), 목성(우), 달(사진출처: 천문우주기획)

토성

슈-ㅇ

이번에 보게 될 토성은 너도 감동받을걸!

설마….

와우!!

나름 한 간지 하네요.

토성의 고리는 대부분 얼음과 먼지, 작은 암석 부스러기로 이루어진 1만 개 이상의 작은 띠로 구성되어 있고,

목성처럼 대부분 수소와 헬륨으로 이루어진 가스 덩어리야.

그치! 그치! 저 고리를 봐 완전 환상이잖아!

태양계 바깥의 행성들

누워서 도는 천왕성

토성보다 바깥에 있는 천왕성과 해왕성은 맨눈으로 볼 수 없는 행성으로 망원경이 발명된 덕에 발견된 행성들입니다. 이들은 그만큼 멀리 있고 어둡기 때문에 쉽게 볼 수 없습니다. 1781년에 영국의 음악가이자 아마추어 천문가였던 허셜은 밤하늘을 관찰하다 쌍둥이자리에서 천왕성을 발견하게 됩니다. 사실 천왕성은 가장 밝은 때의 밝기가 5.3등급으로 정

확한 위치만 알면 시골의 맑은 하늘에서는 맨눈으로도 볼 수 있습니다. 천왕성의 발견으로 인해 태양계에 오행성 이외에 또 다른 행성들이 존재한다는 사실이 알려지게 되었고, 이것은 다른 행성을 찾는 계기가 되었습니다.

천왕성의 이름도 다른 행성들과 마찬가지로 그리스 신화에서 이름을 따왔는데 하늘의 신 **우라노스**(가이아의 아들로 제우스 신의 할아버지)가 바로 그것입니다. 우라노스는 신화 속에서 아들인 **크로노스**(토성)에게 버림을 받게 되는데 토성 뒤에서 겨우 발견된 천왕성의 모습이 마치 우라노스를 닮았다고 생각했던 것 같습니다.

태양으로부터 29억 km나 떨어진 위치에서 84년을 주기로 공전하는 천왕성은 지름이 5만 1,000km 정도로 목성과 토성 다음으로 큰 행성입니다. 목성과 토성처럼 수소와 헬륨이 주성분이고, 대기에 있는 메탄가스 때문에 푸른색으로 보입니다.

천왕성은 다른 행성들에 비해 상당

우라노스

우라노스(Uranus)는 가이아(지구)로부터 태어나 가이아와 결혼한 하늘의 신이다. 최초로 우주를 지배했던 신이었지만, 자식들을 내팽개친 바람에 아들인 크로노스(토성)에 의해 왕좌에서 쫓겨났다.

크로노스

그리스 신화에 나오는 농경과 계절의 신. 자기 아들에게 지위를 뺏긴다는 예언을 믿고, 자식들이 태어나는 대로 차례로 잡아먹다가 제우스에게 쫓겨났다고 한다.

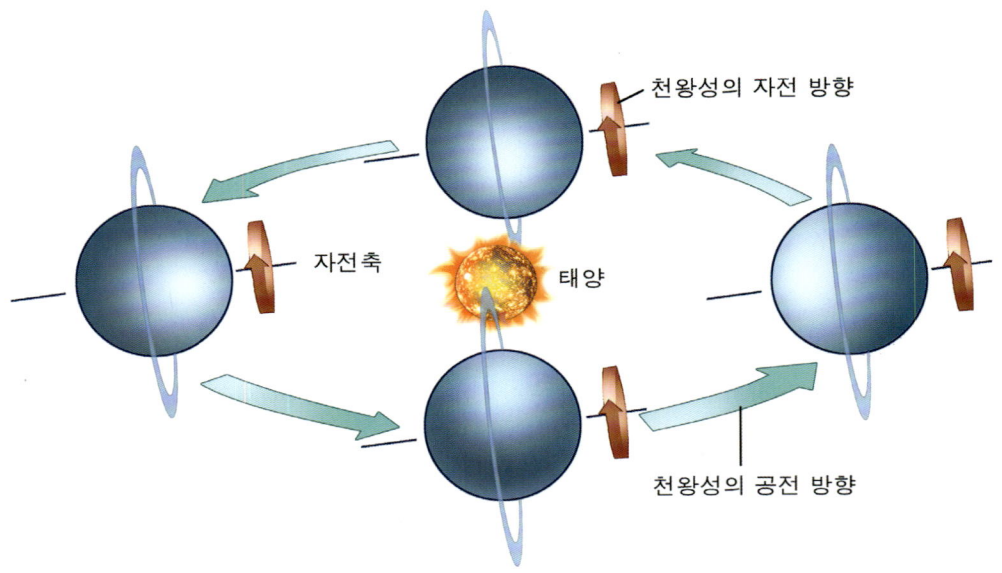

히 재미있는 자전 운동을 합니다. 천왕성은 자전축의 기울기가 97도 정도로 거의 누워서 옆으로 구르는 것처럼 태양 주위를 돌고 있습니다. 이런 특이한 움직임 때문에 자전 주기가 17시간 15분 정도로, 지구보다 자전 주기가 짧은 천왕성에서는 실제로 낮과 밤이 바뀌는 데 걸리는 시간이 무려 42년이나 됩니다. 따라서 태양계에서 낮과 밤의 길이가 가장 긴 행성은 바로 천왕성입니다.

그러면 천왕성이 이렇게 이상하게 누워서 자전을 하게 된 이유는 무엇일까요? 천문학자들은 천왕성이 만들어지고 얼마 후에 천왕성 크기의 절반 정도 되는 커다란 천체가 천왕성의 공전 궤도에 수직방향으로 충돌했을 것으로 생각하고 있습니다.

천왕성의 표면 온도는 영하 200도 이하이고 대기 중에 줄무늬가 관측되기도 합니다. 목성이나 토성처럼 고리를 갖고 있으며 1986년에 보이저 2호가 정밀 관측을 한 이래로 위성은 2009년 초까지 27개가 발견되었습니다. 그런데 천왕성의 위성 이름은 다른 행성의 위성들과는 차이

트리톤
그리스 신화에 나오는 바다의 신. 포세이돈의 아들로, 상반신은 인간이고 하반신은 물고기 모양이며 큰 소라를 불어서 물결을 다스렸다고 한다.

애덤스
영국의 천문학자(1819~1892). 천왕성의 운동이 불규칙한 데서 해왕성의 존재를 예언하였다. 달의 영년 가속의 연구, 지구 자기장의 연구 따위에 공헌하였다.

가 있습니다. 다른 행성의 위성들이 그리스나 로마 신화에 등장하는 주인공들로 이름 붙여진 데 반해 천왕성의 위성들은 셰익스피어의 소설 속에 등장하는 주인공들로 이름이 붙여졌습니다. 미란다, 움브리엘, 티타니아, 오베론, 그리고 여러분이 잘 아는 줄리엣의 이름도 있습니다.

바다가 없는 해왕성

태양으로부터 약 45억 km 떨어진 곳에 위치한 해왕성은 태양계에서 네 번째로 큰 행성입니다. 푸른빛을 띠고 있기 때문에 바다의 신 **트리톤**(그리스 신화의 포세이돈의 아들)의 이름을 따서 해왕성으로 이름 붙여졌지만 실제로 해왕성에는 바다가 없습니다. 해왕성은 천왕성과는 거의 쌍둥이처럼 닮은 행성으로 지름이 약 4만 9,000km로 천왕성보다 조금 작지만 질량은 오히려 천왕성보다 더 크며 중력도 천왕성보다 큽니다.

해왕성이 발견된 것은 천왕성이 발견되고 나서 약 65년 정도가 흐른 뒤였습니다. 음악가이자 아마추어 천문가였던 허셜에 의해 일곱 번째 행성인 천왕성이 발견되자 천문학자들의 체면은 말이 아니었습니다. 천문학자들은 자신들의 명예를 회복하기 위해 여덟 번째 행성을 꼭 찾아야

만 했습니다.

천왕성이 발견되고 수십 년 정도가 흐르는 동안 천문학자들은 알려지지 않은 천체가 천왕성의 궤도에 영향을 주고 있다는 것을 알게 되었습니다. 결국 1840년대에 들어와서 영국의 **애덤스**와 프랑스의 **르베리에**가 그 영향을 정확히 계산해 냈고, 그 결과를 바탕으로 1846년에 독일 베를린 천문대의 천문학자 **갈레**가 해왕성을 발견했습니다.

해왕성의 공전 주기는 약 165년으로 해왕성이 발견된 후 아직까지 한 번의 공전도 다 끝나지 않은 셈입니다. 1979년 1월 21일부터 1999년 2월 11일까지는 명왕성이 해왕성의 궤도 안쪽에 위치했기 때문에 이 기간 동안은 해왕성이 아홉 행성 중 가장 먼 행성이었습니다. 또한 해왕성은 지구와 비슷하게 28도 정도 기울어져서 자전하는데 자전 주기는 16시간 정도입니다.

해왕성의 표면 온도는 천왕성과 비슷한 영하 200도 이하이고, 목성이나 토성처럼 많은 줄무늬와 반점들을 가

르베리에
프랑스의 천문학자(1811~1877). 천체 역학과 행성의 운동론에 큰 영향을 미친 저술을 남겼으며, 천왕성의 궤도 측정으로 미지의 행성이 존재함을 예언하여 해왕성의 존재를 예상하였다.

갈레
독일의 천문학자(1812~1910). 토성의 고리를 연구하였고 소행성의 시차를 관측하여 태양계의 크기를 측정하는 방법을 제안하였으며, 1846년에 해왕성을 발견하였다.

지고 있습니다. 해왕성은 목성이나 토성, 천왕성과 같이 수소와 헬륨이 주성분인 가스로 이루어져 있고, 수소와 헬륨, 메탄가스로 된 대기를 가지고 있습니다. 물론 가스형 행성들의 일반적인 특징인 가느다란 고리도 가지고 있습니다.

해왕성이 푸르게 보이는 것은 대기 중에 있는 메탄 성분이 붉은색을 잘 흡수하기 때문입니다. 햇빛 중에서 붉은색이 흡수되면 푸른빛이 강하게 보이게 됩니다. 1989년에 보이저 2호의 탐사로 인해 목성의 대적점과 비슷한 소용돌이가 발견되었는데 이것을 '대흑점'이라고 합니다. 대흑점의 지름은 약 3만 km로 지구보다 크고, 그 위를 메탄이 얼어 있는 흰 구름이 얇게 덮고 있습니다. 대흑점 이외에도 해왕성의 대기에는 많은 폭풍과 소용돌이가 일어나고 있는데, 시속 2,000km가 넘는 바람도 불고 있습니다. 따라서 해왕성에도 생명체가 사는 것은 거의 불가능한 일이겠지요.

해왕성의 위성은 2009년 현재 13개가 발견되었는데 그중 트리톤과 네레이드라는 위성은 잘 알려져 있습니다. 해왕성의 위성 중 가장 큰 트리톤은 지름이 2,700km로 지구의 달보다 조금 작은데, 다른 행성이나 위성들과 달리 자전 방향과 반대 방향으로 공전을 합니다. 또한 해왕성의 두 번째 위성인 네레이드는 태양계에서 가장 찌그러진 궤도를 도는 천체로 알려져 있습니다. 이 두 위성이 이렇게 특이한 운동을 하는 이유는 한때 해왕성의 위성이었던 명왕성이 궤도를 이탈하면서 생긴 영향 때문이라는 주장도 있습니다. 하지만 아직은 정확한 이유가 밝혀지지 않았습니다.

해왕성의 대흑점

해왕성의 위성 트리톤

막내 행성이었던 명왕성

몇 년 전까지만 해도 태양계의 아홉 번째 행성이었던 명왕성은 대부분이 얼음과 돌로 이루어져 있을 것으로 추측되고 있지만 다른 행성들과 다른 점이 많아 오래전부터 소행성 정도로 여기는 학자들이 많았습니다.

태양으로부터 명왕성까지의 평균거리는 약 60억 km로 빛이 도달하는 데만도 거의 5시간 30분이 걸립니다. 태양으로부터의 거리가 너무 멀기 때문에 명왕성 표면의 온도는 영하 200도가 넘을 정도로 무척 차갑습니다. 명왕성의 공전 주기는 247.8년 정도로 다른 행성들보다 길고, 자전하는 데는 약 6.4일이 걸립니다. 명왕성의 특이한 점 중 하나는 다른 행성들에 비해 훨씬 기울어지고 찌그러진 궤도를 돌기 때문에 가끔씩 해왕성보다 안쪽으로 들어온다는 것입니다.

명왕성은 지름이 약 2,300km로 지구의 위성인 달보다도 작지만, 지름이 그 절반 정도나 되는 **카론**이라는 위성을 가지고 있습니다. 카론은 1978년 6월에 미국의 천문학자 크리스티에 의해 발견되었는데, 명왕성과 카론 사이의 거리는 지구와 달 사이의 거리보다 훨씬 가까운 약 2만

카론
명왕성의 위성. 카론이라는 이름은 지옥의 강에서 배로 영혼을 건네주어 플루토에게 심판받게 하는 신화 속의 사공 이름을 따서 붙여졌다. 2006년에 명왕성은 행성에서 제외되고 왜행성(dwarf planet)으로 분류되면서 국제소행성센터(MPC)로부터 134340이라는 번호를 부여받았는데, 이때 카론도 134340 1이라는 번호가 매겨졌다.

로웰 천문대
퍼시벌 로웰이 1894년에 설립한 애리조나 주 최초의 천문대로 플래그스태프에 위치해 있다. 화성의 지적 생명체 탐구가 주 목적이었으나, 슬리버가 최초로 우주 팽창의 증거를 발견하였고, 톰보가 명왕성 탐색을 완결하는 등 다른 영역으로까지 확대되었다.

고요한 아침의 나라

로웰은 조선에서 약 3개월간 체류하였는데, 이 기간 동안 한양에 머무르면서 조선의 정치·경제·문화·사회 등을 백과사전 형식으로 자세히 기록했다. 2년 뒤인 1885년, 그는 이 기록을 정리하여 《고요한 아침의 나라 조선》(Choson, the Land of the Morning Calm)이라는 제목의 책을 내놓았다. 이 책에서 로웰은 풍물을 기록하는 것 외에도 고종의 어진(御眞)을 포함한 당시의 조선 풍경을 찍은 사진 25매를 남겼다.

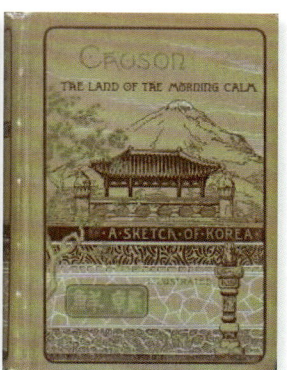

km 정도입니다. 일부 학자들은 두 천체를 행성과 위성의 관계가 아닌 쌍둥이 행성이라고 생각하기도 합니다.

　명왕성은 1930년 1월, 미국의 로웰 천문대에서 톰보라는 천문학자에 의해 발견되었습니다. 명왕성 발견과 관련된 재미있는 이야기가 있습니다.

　로웰 천문대를 세운 퍼시벌 로웰(Percival Lowell, 1855□1916)에 대한 이야기를 들려드리겠습니다. 로웰은 우리나라와도 밀접한 관련이 있는 분입니다. 1882년에 우리나라는 미국과 국교를 수립하게 되었고, 1883년에는 처음으로 한미수교사절단을 미국으로 파견하게 됩니다. 이때 일본에 머물고 있던 로웰이 사절단의 안내를 맡아 미국까지 먼 여행을 함께 하게 됩니다. 그해 겨울 고종황제는 성공적인 미국 방문을 마치고 함께 귀국한 로웰을 국빈으로서 극진히 대접합니다. 사진 촬영에도 취미가 있었던 로웰은 당시 우리나라의 모습을 사진에 담았고, 1885년에 미국의 하버드 대학 출판사를 통해 《고요한 아침의 나라 조선》이라는 책을 출

플루토
그리스 신화에 나오는 죽음과 지하세계를 관장하는 신이다. 크로노스와 레아의 아들로 제우스, 포세이돈과는 형제 간이다. 이들은 크로노스와 그 일족을 정복한 후 제우스는 하늘, 포세이돈은 바다, 하데스는 명계의 지배권을 차지하였다.

뉴호라이즌스
'새로운 지평선'이라는 뜻을 가지고 있는, NASA의 무인 명왕성 탐사선이다. 발사는 2006년 1월 12일로 예정되어 있었으나 로켓 본체의 점검과 기상 문제 등으로 세 차례 연기된 후, 2006년 1월 19일에 미국 플로리다 주 케이프커내버럴 공군기지에서 성공적으로 발사되었으며, 2015년에는 명왕성에 도착할 예정이다.

판합니다. 이 책이 바로 우리나라를 처음으로 외국에 소개한 책입니다.

로웰은 외국 생활에서 돌아온 후 자신의 전 재산을 들여 1894년, 그랜드캐년 근처의 플래그스태프라는 마을에 사설 천문대를 세웁니다. 그리고 로웰은 그곳에 머물면서 세상을 떠날 때까지 화성에 대한 많은 관측 자료를 남깁니다. 또한 그의 소원이었던 아홉 번째 행성을 찾기 위한 관측도 꾸준히 했습니다. 그러나 결국 로웰은 자신의 소원을 이루지 못하고 1916년에 세상을 떠납니다. 그리고 자신의 남은 재산을 모두 천문대에 기부하고, 아홉 번째 행성을 찾으라는 유언을 합니다. 결국 그가 죽은 후 14년이 흐른 뒤인 1930년에 그곳 천문대에서 일하던 젊은 천문학자 톰보가 로웰의 유언을 이루게 됩니다. 훗날 이 아홉 번째 행성은 지옥의 왕인 **플루토**(Pluto)로 이름 붙여졌는데, 그 약자인 PL이 바로 퍼시벌 로웰(PL)의 이름 약자와 같습니다. 여러 가지 이름 중에 플루토란 이름이 명왕성의 이름이 된 데는 바로 스승인 로웰에 대한 제자 톰보의 배려가 있었던 것입니다.

지금도 로웰 천문대는 일반인들에게 별을 보여주는 일을 계속하고 있으며, 천문대의 한쪽에 조그마한 돔 모양의 로웰의 무덤이 자리하고 있습니다. 혹시 미국의 그랜드캐년을 방문할 기회가 있으면 꼭 한번 그곳을 방문해 보세요. 멋진 경험이 될 것입니다.

미항공우주국은 2006년 1월 19일에 명왕성 탐사선인 **뉴호라이즌스**(New Horizons)호를 발사하여 명왕성 탐사에 본격적으로 나섰습니다. 이 탐사선은 2015년경에 명왕성에 접근하게 되는데 그때가 되면 명왕성에 대한 보다 자세한 정보가 알려질 것입니다.

명왕성과 명왕성의 달 '카론'

별의별 우주견문록

여덟 번째 여행
명왕성의 퇴출과 왜행성의 등장

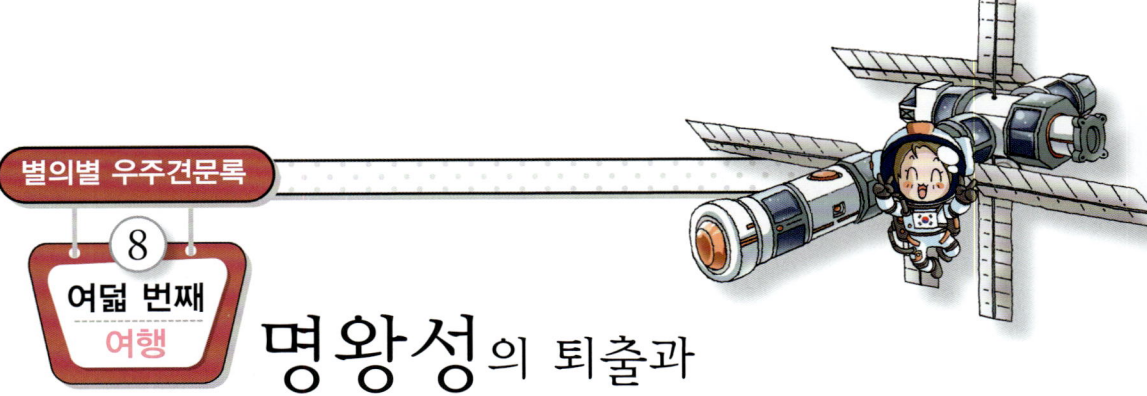

2006년 8월 24일, 국제천문연맹은 명왕성을 행성에서 제외시키고 태양계의 행성을 8개로 하는 결의안을 통과시켰습니다. 이로써 명왕성은 1930년에 발견된 지 76년 만에 행성으로서의 지위를 잃게 되었지요.

많은 사람들이 궁금해 하는 이유 중의 하나는 국제천문연맹이 어떤 이유에서 갑자기 명왕성을 행성에서 제외시켰느냐는 것입니다. 태양계

　의 제일 막내 행성이었던 명왕성에 특별한 일이 일어난 것은 아닐까요? 명왕성이 행성의 지위를 박탈당하게 된 가장 큰 이유는 무엇일까요? 사실 일반인들에게는 잘 알려지지 않았지만 많은 천문학자들이 지난 수십 년간 명왕성을 행성이라고 부르는 데 대해 여러 가지 문제점을 제기해 왔습니다.

　첫째 이유는 명왕성이 다른 행성들에 비해 크기가 현저하게 작다는 것입니다. 명왕성의 지름은 대략 2,300km 정도로 지구의 약 6분의 1 정도밖에 되지 않을 뿐 아니라 태양계의 위성들 중에도 명왕성보다 큰 위성이 7개나 됩니다.

　둘째는 명왕성의 물리적인 특징이 일반적인 행성과 다르다는 것입니다. 일반적으로 행성은 지구처럼 딱딱한 암석 표면을 갖고 있는 지구형 행성과 목성처럼 가스로 되어 있는 목성형 행성으로 나눠집니다. 태양

카이퍼 벨트

해왕성 바깥에서 태양의 주위를 도는 작은 천체들의 집합체를 말한다. 1992년 이후 200여 개가 발견되면서 1951년에 미국의 천문학자인 카이퍼가 주장한 소천체의 분포가 입증되었다. 얼음과 운석들의 집합체로서, 3만 5,000개가 넘는 것으로 추정된다.

에서 가까운 수성과 금성, 화성이 지구와 같은 암석으로 이루어진 지구형 행성이고, 목성, 토성, 천왕성, 해왕성처럼 태양에서 멀리 떨어져 있는 행성들이 목성형 행성입니다. 그런데 얼음 표면으로 이루어진 명왕성은 이들 중 어디에도 속하지 않고 오히려 혜성의 핵과 비슷한 구성을 하고 있다는 것입니다. 1990년대 이후 해왕성의 궤도 바깥에서 이런 형태의 천체들이 계속 발견되면서 이들을 카이퍼 벨트(Kuiper Belt, 이 천체들이 존재할 것을 예언한 천문학자 카

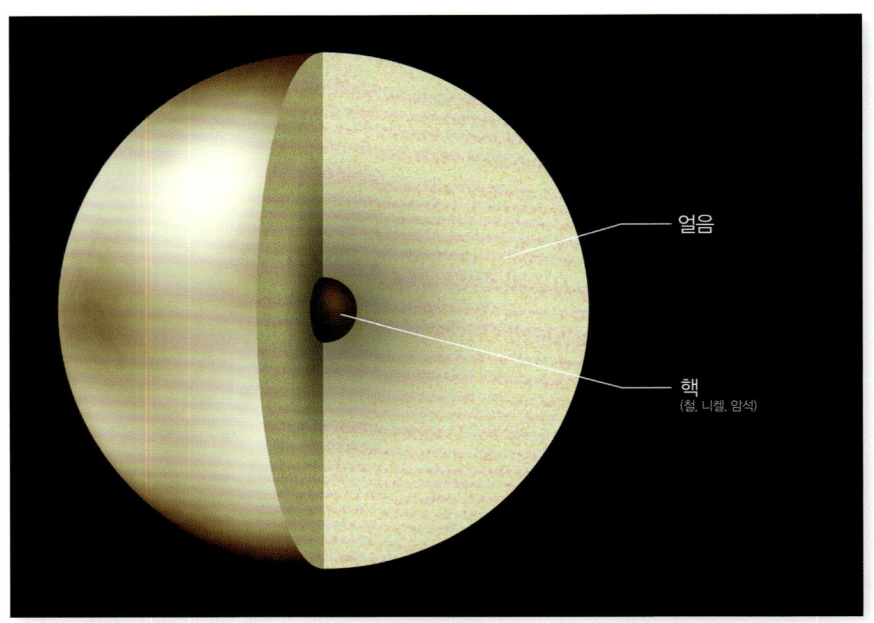

얼음

핵
(철, 니켈, 암석)

이퍼의 이름을 따서 붙여졌음)의 천체들로 분류하기 시작한 것도 명왕성의 행성 지위를 위태롭게 만든 큰 이유가 되었습니다.

명왕성을 행성에서 제외해야 한다는 주장은 명왕성을 발견한 천문학자인 **톰보**(Clyde Tombaugh, 1906~1997)가 1997년에 세상을 떠나면서 급속하게 확산되었습니다. 결국 1999년 2월, 국제천문연맹은 공식 회의를 통해 명왕성의 행성 지위를 계속 유지시키는 쪽으로 결론을 내렸습니다. 70년 가까이 행성으

톰보

미국의 천문학자. P. 로웰의 추정 자료를 토대로 해왕성 궤도 밖의 행성을 탐사하던 중 명왕성을 발견했다. 그 밖에 여러 소행성과 은하들을 발견하였고, 외부은하에 대하여 연구하였다.

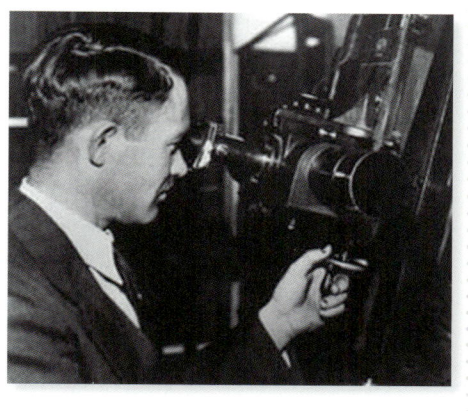

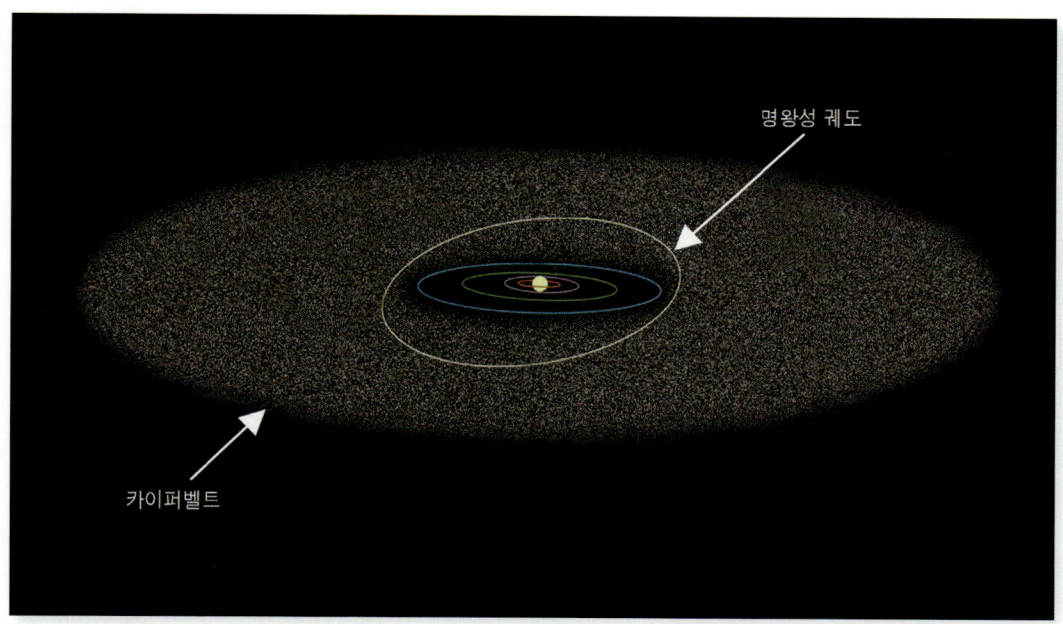

명왕성 궤도

카이퍼벨트

세레스

태양계에서 최초로 발견된 소행성으로, 소행성 번호 1번이었다. 1801년에 피아치가 발견하였고, 가우스가 궤도를 결정하여 화성과 목성 사이에 있음을 확인하였다. 공전 주기 4.6년, 궤도의 긴 반지름 2.768AU, 궤도의 기울기 10.61°, 궤도 이심률 0.078, 지름 913㎞이다. 지금은 왜행성으로 분류되고 있다.

로 인정해 온 명왕성을 행성에서 제외시킬 결정적인 이유가 없었기 때문이었습니다.

2000년대에 들어오면서 명왕성 궤도 바깥에서 명왕성의 크기와 비슷한 새로운 천체들이 발견되면서 새로운 문제점들이 제기되기 시작했습니다. 그러나 당시에 발견된 천체들의 크기가 명왕성보다 큰 것이 없었기 때문에 단지 새롭게 발견되는 천체를 10번째 행성으로 인정하느냐 하는 것이 문제의 초점이었습니다.

그런데 2003년에 발견된 2003UB313(임시 명칭)의 지름이 명왕성보다 큰 3,000㎞ 정도로 알려지면서 명왕성의 행성 지위에 대한 논란이 본격적으로 불붙기 시작했습니다. 국제천문연맹은 2005년 11월에 전문가 회의를 열었지만 결국 결론을 내리지 못하고 2006년 8월의 전체 총회에 이 문제를 안건으로 올리게 되었습니다.

국제천문연맹은 천문학자뿐 아니라 역사학자와 작가를 포함한 일곱 명으로 구성된 행성정의위원회(Planet Definition Committee, PDC)를 만들어 2006년 7월에 행성의 정의에 대한 최종안을 만들었습니다. 이 최종안에 의하면 태양 주위를 돌고 있는 천체들 중에 공처럼 둥근 모양을 하고 있는 천체들이 행성으로 정의되었습니다. 결국 이 안에 의하면 명왕성뿐 아니라 2003UB313과 명왕성의 위성으로 알려진 카론, 그리고 소행성들

중에서 가장 큰 세레스도 행성 대열에 들어갈 수 있었습니다. 결국 태양계의 행성이 12개로 늘어날 수 있게 된 것입니다.

그러나 8월 16일, 국제천문연맹의 회의가 시작되면서 많은 천문학자들은 이 최종안에 대해 문제점을 제기하고 나섰습니다. 만약 행성정의위원회의 행성 정의를 인정한다면 새롭게 발견되는 비슷한 형태의 천체들을 모두 행성으로 인정해야 하기 때문입니다. 당시 이러한 조건에 들어맞는 천체들이 12개 이상 발견되어 있었기 때문에 몇 년 내에 태양계 행성이 20개를 넘어설 수도 있게 되고, 관측 결과에 따라서는 수십 개의 행성이 등장할 수도 있기 때문입니다.

결국 국제천문연맹은 며칠 간의 회의 끝에 행성정의위원회에서 제안한 행성 정의에 한 가지 조건을 추가하였습니다. 즉, 궤도 주변에서 가장 지배적인 천체만을 행성으로 인정한다는 것입니다. 따라서 행성의 조건

왜행성

2006년 8월 국제천문연맹(IAU)에서 태양계의 행성에 대한 분류법을 새로 개정하면서 만들어진 천체의 한 종류이다. 소행성과 행성의 중간 단계의 천체를 분류할 때 쓰인다. 국제천문연맹에서는 명왕성, 에리스, 세레스는 왜행성에 속한다고 공식 확인하였다. 또한 마케마케는 2008년 7월 11일에, 하우메아는 2008년 9월 17일에 왜행성으로 인정받았다.

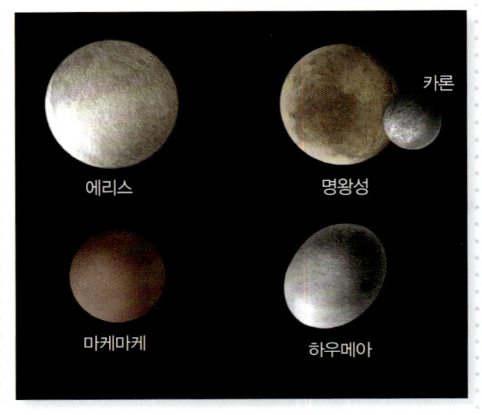

을 1) 태양 주위를 돌며 2) 구형에 가까운 모양을 유지할 수 있는 질량이 있어야 하며 3) 그 궤도 주변에서 지배적인 천체로 확정한 것입니다. 그 결과 해왕성과 일부 궤도가 겹치는 명왕성은 자연스럽게 행성에서 제외된 것입니다.

그리고 명왕성처럼 크기가 작은 천체를 '**왜행성**(Dwarf Planet)'이라는 새로운 개념의 천체로 분류하는 결의안도 통과시켰습니다. 왜행성은 행성의 조건에서 1) 태양 주위를 돌며 2) 구형에 가까운 모양을 유지할 수 있는 질량이 있으나 3) 그 궤도 주변에서 지배적이지 못한 천체를 뜻합니다. 물론 4) 위성처

럼 다른 행성 주위를 돌고 있는 천체는 왜행성에서 제외됩니다. 행성으로 분류될 뻔했던 세레스와 2003UB313이 명왕성과 함께 왜행성으로 분류되었고, 명왕성은 이들 왜행성의 원조 천체로서의 지위를 갖게 되습니다. 그러나 명왕성과 함께 이중행성으로 분류될 뻔했던 카론은 왜행성의 조건을 충족시키지 못하고 명왕성의 위성으로 남게 되었지요.

국제천문연맹은 이외에 행성이나 왜행성에 들지 못하는 소행성과 혜성 등 나머지 작은 천체들을 '소형 태양계 천체'로 분류하기로 했습니다. 결국 이렇게 결정된 새로운 분류 방법에 의해 태양계를 이루는 천체들은 태양과 여덟 개의 행성, 세 개의 왜행성, 수많은 소형 태양계 천체들과 위성들로 나누어지게 되었습니다.

2009년 3월 현재 왜행성은 모두 다섯 개로 늘어났는데, 명왕성과 세레스, 그리고 에리스(2003UB313이 나중에 에리스로 정식 이름을 받음), 마케마케(2005FY5, 남태평양 이스터 섬의 신화에 등장하는 창조의 신 이름으로 2008년 7월에 등록됨), 하우메아(2003EL61, 하와이 신화에 등장하는 풍요와 출산을 상징하는 여신의 이름으로 2008년 9월에 등록됨)가 바로 그들입니다.

명왕성이 해왕성보다 더 가까워질 때가 있다는데 그 이유는 무엇인가요?

명왕성은 다른 행성들과 달리 상당히 기울어진 궤도를 돌고 있습니다. 대부분의 행성들이 지구의 공전 궤도와 거의 같은 면을 돌고 있는 데 반해 명왕성은 약 17도 정도 기울어진 궤도를 돕니다. 또한 공전 궤도 자체도 다른 행성들에 비해 가장 많이 찌그러져 있습니다. 이런 이유로 명왕성은 태양으로부터의 평균 거리가 60억 km로 해왕성의 45억 km보다 훨씬 길지만 가끔은 해왕성보다 좀 더 안쪽으로 들어올 때가 있습니다. 그 결과 1977년부터 1999년 사이에는 태양계에서 가장 먼 행성은 명왕성이 아니라 해왕성이었습니다.

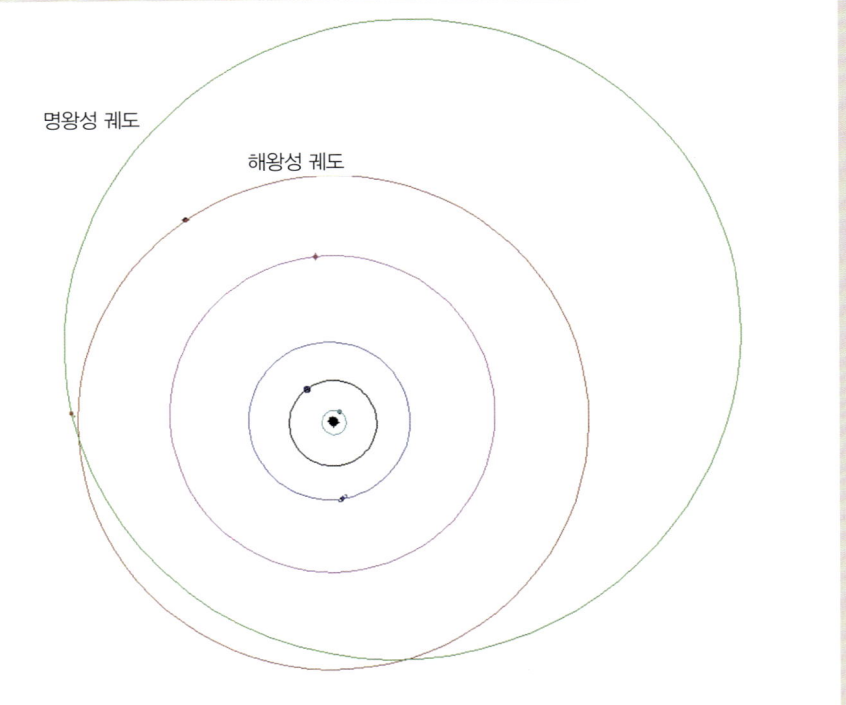

'혹성'이라는 말이 있는데 이것은 행성과 어떻게 다르나요?

〈혹성 탈출〉이라는 영화를 본 사람이 있을 것입니다. 이 영화 때문에 혹성이라는 말이 일반인들 사이에 많이 알려진 것 같습니다. 하지만 혹성이 우리가 모르는 다른 천체를 말하는 것은 아닙니다. 혹성은 행성을 뜻하는 일본식 표현입니다. 지구와 같은 행성을 일본에서는 혹성이라고 합니다. 따라서 우리나라에서는 행성이라는 말을 써야 맞는 표현이 될 것입니다.

행성들이 일렬로 보일 때가 있나요?

가끔씩 신문이나 방송 등을 통해 행성들이 일렬로 모이는 멋진 우주쇼가 펼쳐지고 있다는 뉴스가 나올 때가 있습니다. 또한 1990년대 말에는 행성들이 십자가 형태로 모이면서 이것이 지구의 종말을 예언하고 있다는 소문도 있었습니다. 과연 행성들이 이렇게 특별한 모양을 하는 것이 드문 일인지 알아볼까요? 행성들은 지구에서 볼 때 모두 황도 위에서 움직이게 됩니다. 따라서 행성들이 황도를 따라 일렬로 늘어서는 것은 특별히 드문 일이 아닌 것이지요. 다만 행성들이 서로 얼마나 가까이 모여 있느냐 하는 것이 화제가 될 것입니다.

 수성과 금성은 태양에 가까이 있기 때문에 서로 근처에서 볼 수 있는 기회가 많습니다. 가장 느리게 움직이는 목성과 토성이 문제입니다. 목성과 토성이 가까운 위치에 있다면 화성이 그 근처에 올 무렵에 다섯 행성이 비슷한 곳에 모이는 현상을 볼 수 있습니다. 목성은 약 이십 년에 한 번씩 토성을 추월하는데 그때 나머지 행성이 모이는 기회가 없으면 다섯 행성이 함께 있는 모습을 보기는 어려운 일이겠지요. 하지만 두세 개 정도의 행성이 함께 모여 있는 모습은 매년 쉽게 볼 수 있습니다.

행성들이 어떤 모양으로 늘어서더라도 지구에 미치는 영향은 거의 없습니다. 행성들 전체가 가지는 질량이 태양의 0.1%도 되지 않기 때문에 지구에 작용하는 행성들의 중력은 아주 미미하답니다.

우·주·견·문·록

2
우리의 중심별, 태양과 달과 혜성

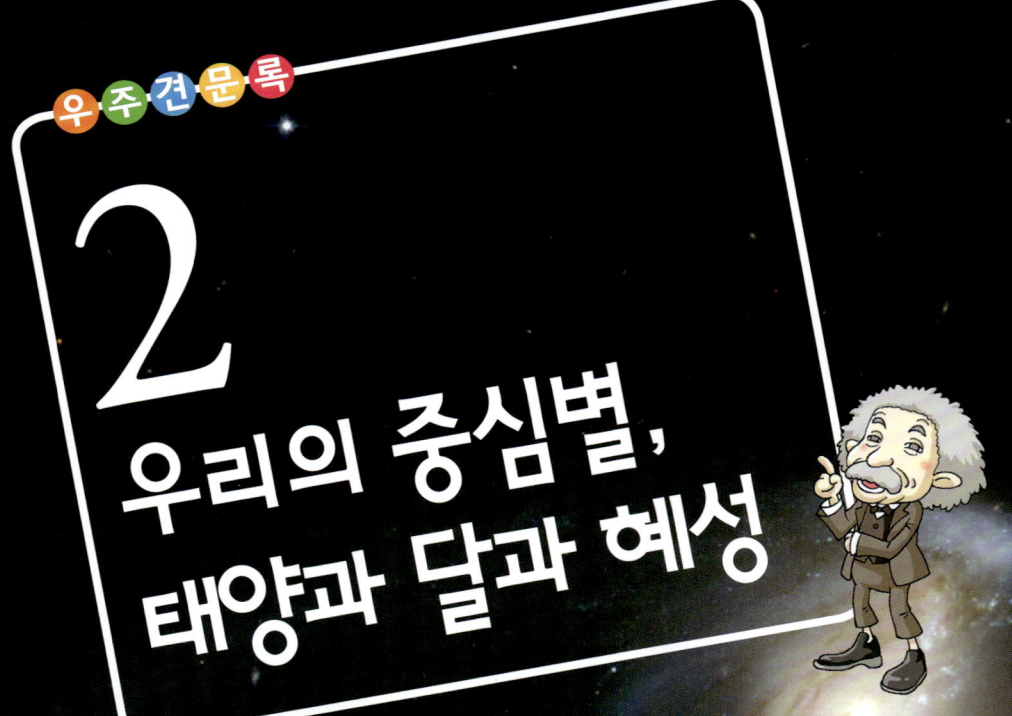

'만약 태양이 없었다면 우리가 존재할 수 있었을까?' 혹은 '만약 지금 태양이 없어진다면 우리 인간은 어떻게 될까?' 하는 의문을 품어본 사람이 많을 것입니다. 하지만 태양이 없는 지구나 태양이 없는 우리 인간의 삶은 상상할 수도 없는 일입니다.

별의별 우주견문록

1 첫 번째 여행

'태양'이라는 이름의 별

태양의 활동이 조금만 줄어들어도 지구는 빙하기를 맞게 되고, 대부분의 생명체는 굶어 죽거나 얼어 죽게 될 것입니다. 태양은 말 그대로 우리에게는 신과 같은 절대적인 존재인 것입니다. 인간의 문명이 생기면서부터 거의 모든 민족들이 태양신을 가장 위대한 신으로 받들었던 것도 태양의 중요함을 알았기 때문일 것입니다.

그런데 대부분의 사람들은 이렇게 중요한 태양에 대해 특별한 관심을 갖고 있지 않는 것 같습니다. 항상 고맙고 소중한 존재이지만 항상 그대로 있을 것이라는 믿음이 있기 때문에 더 그러할 것입니다. 과연 태양은 영원히 존재할까요? 지금부터 태양이라는 별에 대해 자세히 알아보기로 하겠습니다.

태양은 태양계 질량의 99.9% 이상을 가지고 있는 절대적인 존재입니다. 다른 별에서 본다면 마치 태양계에는 태양만이 존재하는 것처럼 느껴질 것입니다. 태양의 지름은 약 140만 km로 지구보다 109배 정도 크며, 질량은 지구의 33만 배, 중력은 지구의 28배나 됩니다. 태양의 대부분은 수소 가스로 이루어져 있으며 중심의 온도는 1,500만 도나 됩니다.

태양이 빛과 열을 내보낼 수 있는 것은 중심에서 계속적으로 **핵융합** 반응이 일어나고 있기 때문입니다. 핵융합 반응이라는 것은 수소가 타서 헬륨이 되는 현상입니다. 네 개의 수소가 모여 하나의 헬륨을 만드는 핵융합 과정에서 질량이 약간 줄어들게 되고, 그 줄어든 질량이 빛에너지의 형태로 밖으로 나오게 됩니다. 여러분도 아인슈타인 박사가 생각해 낸 $E=mc^2$ 이라는 유명한 공식을 본 적이 있을것입니다. 여기서 E는 에너지, m은 질량, c는 빛의

핵융합

가벼운 몇 개의 원자핵이 충돌하여 다른 무거운 원자핵을 이루는 현상이다. 반응이 일어나면 큰 에너지가 나오며, 원자핵의 질량의 합은 충돌하기 전에 비해 약간 줄어든다.

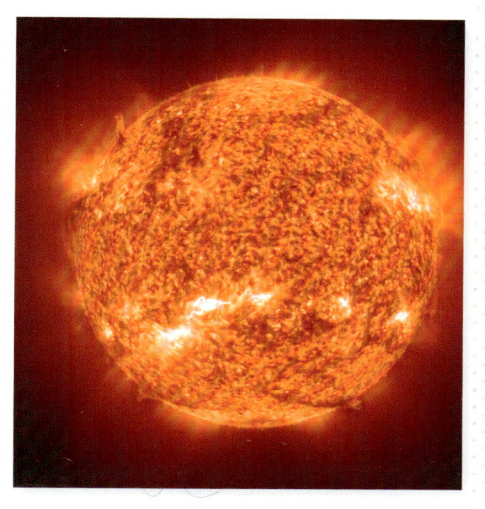

복사층

복사층(radiation zone)이란 태양 내부의 중간층을 말한다. 에너지는 핵에서 나와 전자기파의 형태로 복사층으로 이동한다. 복사층은 매우 고밀도이고, 파동이 튀어 다닌다. 에너지는 복사층을 수백만 년 동안 떠나지 않는다. 복사층은 중심핵과 대류층 사이에 해당되는 부분이다. 핵에서 나온 에너지가 태양을 벗어나는 데 걸리는 평균 시간은 약 17만 년이다.

대류층

태양 표면에서 약 10만 km 되는 층을 말한다. 여기에서는 온도가 감소하여 가스가 완전히 이온 상태로 존재할 수 없으므로 에너지의 전달 방식이 달라진다. 또 에너지를 흡수한 물질은 그 대부분이 전자파의 형태로 다시 방출되지 않고 대규모의 대류에 의하여 에너지를 전달한다.

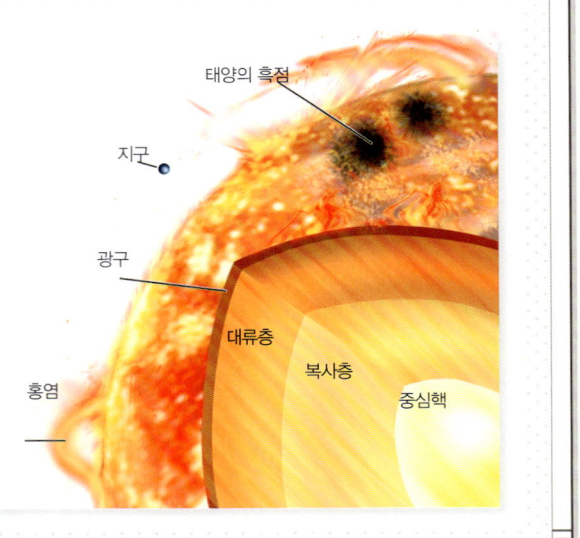

속도를 말하는데 태양은 핵융합반응을 통해 이 공식대로 에너지를 만들고 있습니다.

태양이 핵융합반응을 통해 1초마다 소비하는 수소의 질량은 약 400만 톤이나 됩니다. 400만 톤이라고 하면 우리나라 전체 인구의 몸무게보다도 많은 질량입니다. 태양은 이렇게 엄청난 양의 질량을 소비하면서 에너지를 만들고 있지만 태양의 수명이 다할 동안 태양이 소비하는 수소의 양은 전체 질량의 0.1%도 되지 않습니다.

태양의 중심에서 만들어진 에너지는 두꺼운 **복사층**을 통과하여 외부에 있는 얇은 **대류층**으로 전달됩니다. 에

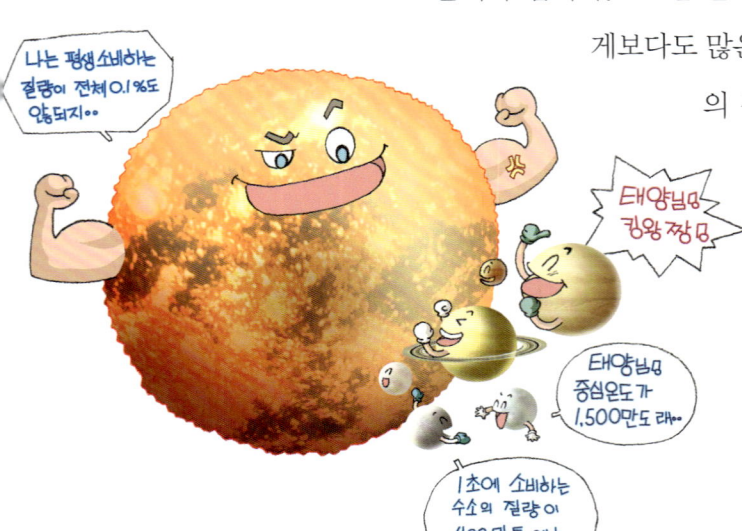

너지가 대류층에 이르게 되면 대부분의 에너지는 가스의 온도를 높이는 데 사용됩니다. 그 결과 데워진 가스는 위로 올라가게 되고 표면에서 식은 가스는 다시 아래로 내려가는 대류 현상이 일어나게 됩니다. 이러한 대류 현상을 통해 태양의 에너지는 표면으로 전달됩니다. 태양의 표면은 바로 이 대류층 윗부분으로, '**광구**'라고 불립니다. 우리가 낮에 태양을 볼 때 보이는 부분이 바로 광구입니다. 광구의 온도는 약 6,000도로, 태양이 노랗게 보이는 이유는 바로 이 온도 때문입니다.

광구
우리 눈에 보이는 태양의 표면. 두께는 약 400㎞이며, 지구에 직접 도달하는 태양빛의 대부분은 여기에서 방출된다. 태양의 흑점은 광구에서 나타나는 현상이다.

채층
태양의 광구와 상층 대기인 코로나 사이의 대기층. 두께는 약 1,600㎞이며, 일식 때 코로나의 아래층에서 분홍빛으로 보인다.

코로나
태양 대기의 가장 바깥층에 있는 엷은 가스층. 온도는 100만 도 정도로 매우 높다. 개기일식 때는 맨눈으로도 볼 수 있다.

광구 위로는 '**채층**'이라고 하는 분홍색의 대기가 있고, 그 바깥에는 '**코로나**'라고 하는 외부 대기층이 있습니다. 채층이나 코로나 같은 태양의 대기는 보통 때는 맨눈으로 볼 수 없고 개기일식으로 태양의 표면이 가려질 때만 볼 수 있습니다.

태양은 지금으로부터 약 50억 년 전에 만들어졌으며 전체 수명의 절반 정도를 보낸 것으로 생각되고 있습니다. 따라서 앞으로 50억 년 정도 지나면 태양은 적색거성의 단계를 거쳐 껍질을 날려 버리고 중심 부분이 수축해 백색왜성으로 일생을 마감하게 될 것입니다. 물론 그때가 되면 지구는 적색거성 속으로 빨려들어가 타버리거나, 껍질과 함께 멀리 날아가 버릴지도 모릅니다. 하지만 먼 훗날의 일이기 때문에 지금부터 걱정할 일은 아닙니다.

태양의 생김새

태양 표면을 자세히 보면 검은 점 같은 것을 볼 수 있습니다. 이것을 흑점이라고 합니다. 흑점이 검게 보이는 이유는 주위보다 온도가 낮기 때문입니다. 모닥불을 피워 보면 붉은 불꽃 사이에 약간 검게 보이는 부분이 있습니다. 사실은 이 부분도 타고 있지만 불꽃이 없어서 상대적으로 검게 보이는 것이랍니다. 흑점도 이처럼 주위보다 상대적으로 온도가 낮아서 검게 보이는 것입니다. 태양 표면의 온도는 6,000도 정도인 데 반해 흑점은 약 4,000도 정도로 낮습니다.

흑점의 크기는 보통 수천 ㎞에서 수만 ㎞까지 다양합니다. 따라서 커다란 것은 지구보다 훨씬 큽니다. 흑점이 많아진다는 것은 태양의 활동이 활발해졌다는 것을 뜻합니다. 태양은 약 11년을 주기로 그 활동이 활발해지는데, 흑점도 그 주기에 따라 11년마다 많아집니다.

태양에 흑점이 많아지면 어떤 일이 벌어질까요? 사람도 피곤하거나 몸의 상태가 안 좋을 경우 얼굴에 여러 가지 나쁜 증상이 나타납니다. 그리고 그런 사람들은 쉽게 짜증을 내거나 신경질적이 됩니다. 그런 사람 옆에서 괜히 시비를 걸면 싸움이 벌어질 수도 있겠지요. 태양도 마찬가지입니다. 태양의 흑점이 많아졌다는 것은 태양의 활동이 비정상적이라는 것을 뜻합니다. 즉, 태양에서 지구로 날아오는 뜨거운 입자들이 많아져서 지구에 안 좋은 영향을 미칠 수도 있습니다.

오로라

주로 극지방의 초고층 대기 중에 나타나는 발광(發光) 현상. 태양으로부터 전기를 띤 입자가 극지 상공의 대기를 이온화하여 일어나는 현상으로, 빨강·파랑·노랑·연두·분홍 따위의 색채를 띤다.

태양의 흑점이 많아지는 것은 지구에 대한 태양의 경고일 수도 있습니다. 태양의 흑점 수가 늘어나면 태양의 외곽 대기인 코로나가 넓어지고 자기폭풍 같은 표면의 활동도 많아집니다. 따라서 지구로 날아오는 전기를 띤 뜨거운 입자들이 많아져서 인공위성에 피해를 주기도 하고, 지구 자기장에 영향을 주어 통신 장애나 발전소에 정전을 일으키기도 합니다. 물론 극지방에 보이는 **오로라**가 더욱 밝아져서 멋진 광경을 목격할 수도 있습니다. 태양의 활동이 가장 활발한 시기였던 1989년에는 인구 600만명이 사는 캐나다의 퀘백 시 전체가 정전이 되기도 했습니다. 미국 국립해양대기청(NOAA) 같은 곳에서는 태양 활동을 감시하고 태양에서 특별한 폭발이 일어나거나 흑점의 수가

개기 일식에서 들어나는 태양의 코로나

비정상적으로 증가하면 전 세계에 태양 경고를 내리고 있습니다.

그렇다면 흑점이 안 보이는 것이 좋은 걸까요? 그렇지는 않습니다. 흑점이 보이지 않는다는 것은 그만큼 태양의 활동이 약해져서 지구로 들어오는 태양에너지가 줄어든다는 것을 의미합니다. 실제로 1400년부터 1700년까지는 태양의 흑점 활동이 적어져서 어느 때는 흑점이 전혀 보이지 않았다고 합니다. 그 결과 지구로 들어오는 태양에너지가 부족해져서 유럽과 북미 지역은 이 기간 동안인 약 300년간 **소빙하기**를 겪었다고 합니다. 태양의 흑점도 적당히 보이는 것이 좋습니다.

빙하기

기온이 낮은 채로 오랫동안 유지되면서 지구의 기후가 한랭해져 육지의 넓은 면적을 빙하가 뒤덮고 있었던 시기를 말한다. 빙하기에는 해수면이 낮아져 섬과 대륙이 이어지기도 한다.

빙하기와 빙하기 사이에는 비교적 온난한 기후의 간빙기가 나타난다. 과거 지구 상에는 반복적으로 네 차례의 빙하기가 있었는데, 가장 최근의 빙하기는 1만 년 전에 종료되었으며, 현재는 제4 간빙기이다.

특수한 필터를 이용해서 태양을 관찰해 보기로 해요.

태양에서 나오는 빛 중 Hα(알파)라고 불리는 특수한 파장의 빛만 볼 수 있는 필터가 있습니다. 이 빛은 태양의 대부분을 차지하고 있는 수소 원자에서 나오는 것으로, 맨눈으로 볼 수 없는 태양의 표면 모습을 관찰할 수 있게 해줍니다. 이 필터가 장착된 망원경으로 태양을 보면 태양 전체가 붉은색으로 보입니다. 처음에는 별다른 특징을 찾을 수 없지만 자세

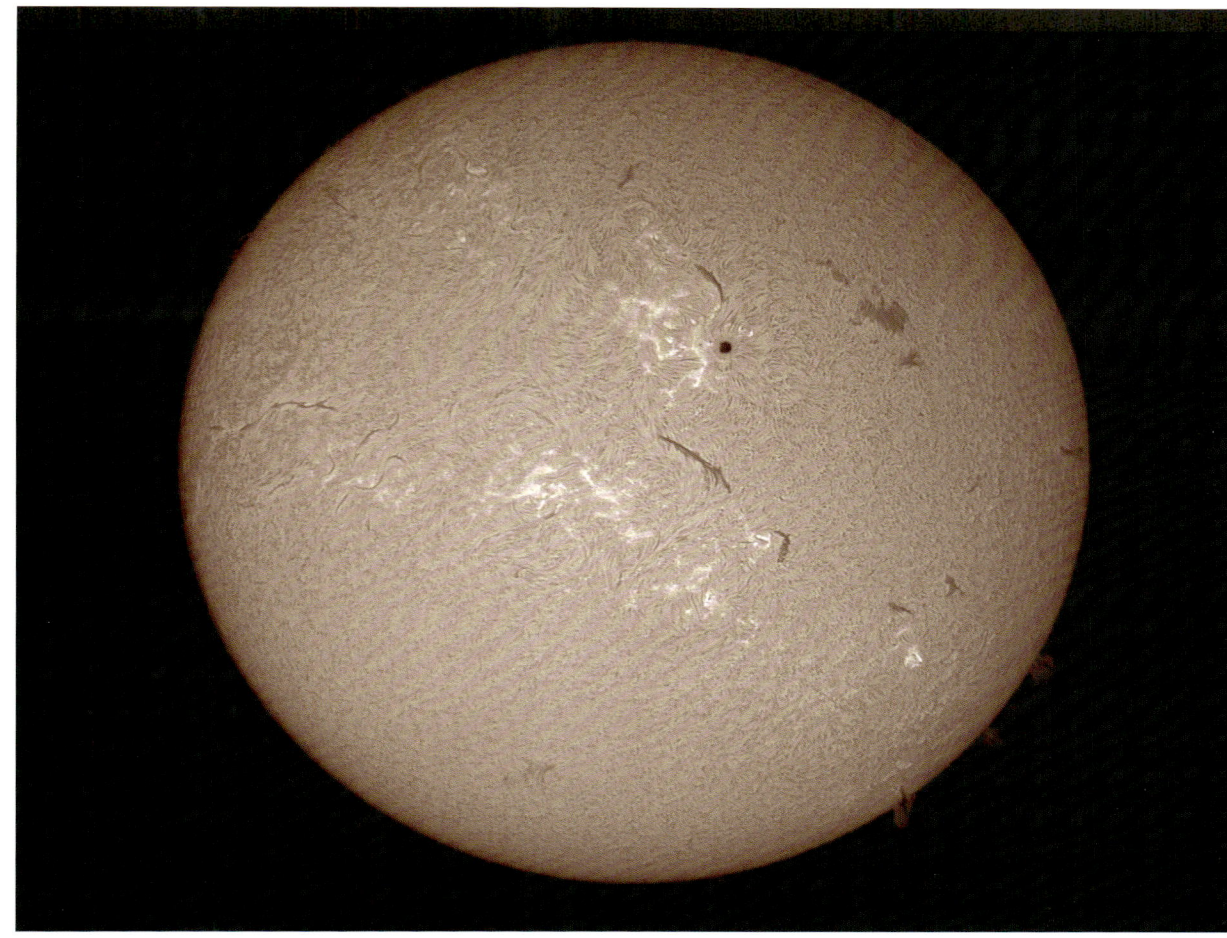

Hα-필터로 본 태양

홍염
태양 표면에서 기체물질이 분출하여 불꽃처럼 나타나는 현상이다. 보통 고리 모양으로 많이 나타나며, 일반적으로 수천 km 너머로 뻗어간다.

태양 플레어
태양의 광구와 상층 대기인 코로나 사이의 대기층에 있는 물질이 급격히 분출하면서 수초에서 수시간에 걸쳐 섬광을 발하다가 소멸하는 현상. 태양 대기의 전자기가 급격하게 변화하여 일어나는 현상으로, 때로는 강한 태양풍을 일으켜 지구 대기의 상층이나 지구 자기에 영향을 미친다.

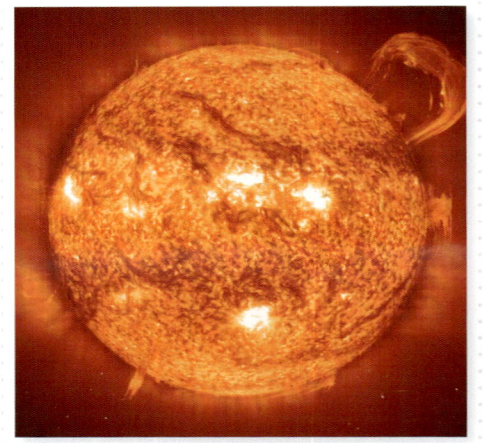

히 보면 태양의 둥근 가장자리 쪽에 작은 분수처럼 솟아올라 있는 것들이 보입니다. 이것이 바로 태양의 **홍염**입니다. 태양 내부의 뜨거운 물질들이 화산처럼 표면을 뚫고 올라오는 것이 바로 홍염이지요. 이 필터를 이용하면 붉은 태양 표면을 배경으로 검은 흑점들도 자세히 관찰할 수 있습니다.

홍염과 흑점을 관찰하다 보면 정말 운이 좋을 때는 거대한 불기둥이 위로 솟구치는 것을 볼 수 있습니다. 마치 분수가 터져 오르듯이 솟구치는 불기둥은 태양을 살아 있는 생명체라고 느낄 정도로 굉장한 장면을 연출합니다. 이것은 태양의 자기폭풍, 즉 **태양 플레어**라고 하는 것입니다. 태양 플레어는 평소에는 자주 볼 수 없는 태양 표면의 가장 격렬한 활동으로, 홍염과 달리 보이는 시간이 매우 짧습니다.

태양 표면을 확대해서 보면 붉은색과 노란색이 섞여 있는 작은 점들의 모임을 볼 수 있습니다. 표면의 이런 모습들은 마치 쌀알들이 모여 있는 것처럼 보여서 '쌀알 구조'라고 불립니다. 태양 표면이 쌀알같은 모양으로 이어져 있는 것은 **대류현상** 때문입니다. 표면 아래의 뜨거운 물질들이 표면으로 올라와서 서서히 식게 되고 식은 부분들은 다시 아래로 내려갑니다. 이렇게 반복되는 표면의 움직임이 바로 대류현상인데 아래에서 올라오는 뜨거운 부분들은 밝게 보이고, 식은 부분들은 좀 더 진한 붉은색으로 보이게 되는 것이지요. 중간중간 보이는 흑점들은 이런 대류현상이 막혀서 아래쪽의 뜨거운 물질들이 올라오지 못하고 더 많이 식은 부분입니다.

대류현상

열을 전달하는 대표적인 방법으로, 공기가 뜨거워지면 팽창하여 주변의 공기보다 밀도가 작아지고 가벼워져서 위로 올라간다. 원래 위쪽에 있던 찬 공기는 이동한 뜨거운 공기의 빈자리를 채우며 내려오게 된다. 이동했던 뜨거운 공기가 주위에 열을 전달하고 식으면 다시 아래로 내려와 전체 공기가 순환하게 된다.

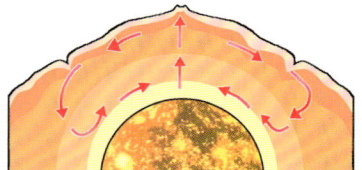

지구의 맨틀에서 일어나는 대류현상

태양이라는 이름의 별

별의별 우주견문록 — 두 번째 여행 2

태양에서 부는 바람, 태양풍

태양계에 있는 대부분의 에너지는 태양으로부터 나오는 것입니다. 우리가 낮에 사물을 볼 수 있는 것도 태양으로부터 오는 빛 때문이며, 여름이 더운 것도 태양이 내보내는 열 때문입니다. 그러면 태양은 열과 빛만을 내보내고 있는 것일까요? 태양은 열과 빛 이외에도 높은 에너지를 가진 입자를 내보내고 있습니다. 태양으로부터 나오는 이런 입자의 흐름을 '태양풍'이라고 부릅니다.

태양풍이 시작되는 곳은 태양의 외곽 대기인 코로나입니다. 코로나는 수백만 도 이상의 높은 온도를 가지고 있는데, 높은 온도로 인해 코로나 속에 있는 물질들은 +와 −의 전기를 띤 입자들로 나눠지게 됩니다. 이러한 상태를 어려운 말로 플라스마라고 합니다. 코로나의 높은 온도로 인해 플라스마 상태의 입자들은 매우 큰 압력을 받게 되고, 그 결과 이들 입자들은 태양의 중력을 벗어나 밖으로 날아가게 됩니다. 이것이 바로 태양풍입니다.

좀 더 이해를 돕기 위해 예를 하나 들어보지요. 한여름에 작은 방에 여러 명이 갇혀 있다고 생각해 보세요. 그런데 에어컨이 고장나서 더운 바람이 나오고 있습니다. 시간이 지나면서 사람들은 땀을 흘리게 되고 어느 정도 온도가 올라가면 창피한 것도 잊고 옷을 벗을 것입니다. 이때가 바로 플라스마 상태입니다. 그리고 좀 더 온도가 올라가게 되면 어떤 일

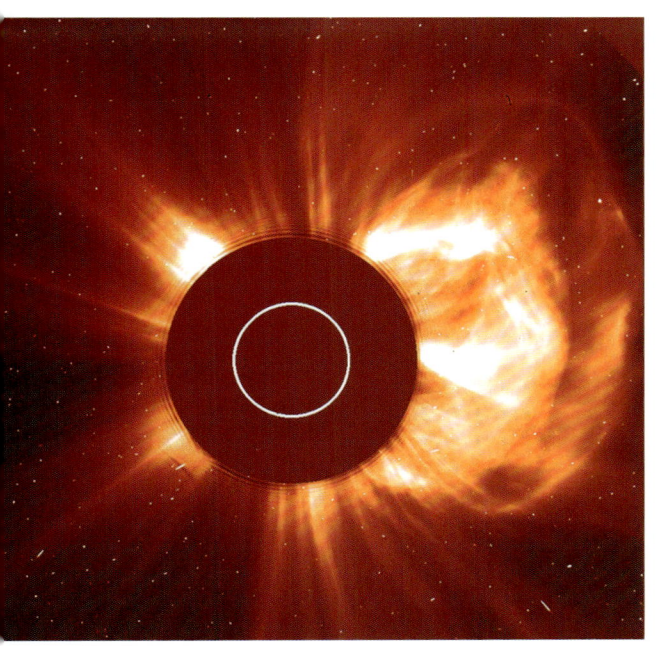 

태양풍 (사진출처: NASA)

이 벌어질까요? 결국 사람들은 더위를 참지 못하고 벽이나 문을 부수고 밖으로 나오려고 할 것입니다. 이때가 바로 태양풍이 밖으로 나오는 때입니다. 코로나 속의 물질들도 더운 방에 갇혀 있는 사람들과 마찬가지로 온도가 높은 코로나를 탈출하여 밖으로 날아가는 것입니다.

지구 자기권 (사진출처: 천문우주기획)

태양풍은 수만 도 이상의 온도를 가진 입자들로 초속 400~500km의 속도로 태양 밖으로 날아갑니다. 지구에 닿은 태양풍은 지구의 자기장 때문에 땅으로는 내려오지 못하고 남극과 북극의 대기층과 충돌하여 멋진 오로라를 만들기도 합니다. 태양의 활동이 활발할 때는 태양풍이 더 많아지기 때문에 오로라를 더 자주 볼 수 있게 됩니다.

보이저 1호

현재도 가동되고 있는 NASA의 815kg급 태양계 무인 탐사선이다. 보이저 계획에 따라 1977년에 발사되었으며, 1979년 3월 5일에는 목성, 1980년 11월 12일에는 토성을 지나가면서 이 행성들과 그 위성들에 관한 많은 자료와 사진을 전송하였다. 1989년에 본래의 임무를 마친 뒤에 새로이 보이저 성간 임무(Voyager Interstellar Mission)를 수행하고 있다.

태양풍은 태양으로부터 지구까지 거리의 약 85배에서 120배 정도까지 날아가는 것으로 생각되고 있는데, 이 정도 거리이면 해왕성까지의 거리보다 서너 배 이상 먼 곳이 됩니다. 천문학자들은 태양풍이 도달하는 경계선을 '태양권'이라고 하는데, 이것은 태양의 자기장이 미치는 경계선이라는 뜻입니다. 물론 '태양권'은 태양의 중력이 미치는 경계선과는 다른 의미이기 때문에 이곳이 태양계의 끝은 아닙니다.

2003년에 미국에서 발표된 내용에 의하면 1977년에 발사된 **보이저 1호**는 2002년 8월경에 태양으로부터 지구까지 거리의 85배 정도 되는 지점을 통과하면서 태양풍이 현저하게 줄어드는 것을 관측했다고 합니다. 관측 결과로 보면 보이저 1호가 태양권의 경계선을 통과한 것인지 정확히 알 수는 없지만 거의 경계선 근처를 지난 것만은 확실해 보입니다.

태양우주선

태양면이 폭발할 때 발생하는 높은 에너지의 입자흐름. 태양의 흑점 부근에서 태양면 폭발이 일어나는데, 폭발 시에 큰 운동에너지를 가진 입자 무리가 발생할 때가 있다. 이러한 입자 무리를 태양우주선이라고 한다.

태양에서는 가끔씩 태양풍보다 훨씬 큰 에너지를 가진 **태양우주선**이 나오기도 합니다. 태양우주선은 태양풍과 마찬가지로 전기를 띤 입자들이지만 태양풍보다 수만 배 이상의 에너지를 가지고 있습니다. 태양우주선은 태양에서 커다란 폭발(태양 플레어라고 합니다)이 일어날 때 나오게 되는데 이것은 일반적인 태양풍보다 훨씬 빠른 30분에서 수시간 이내에 지구에 도달하게 됩니다. 따라서 거대한 플레어가 나타나게 되면 전파 장애가 발생하게 되고, 인공위성에도 큰 피해를 입힐 수 있습니다. 태양의 활동이 활발한 시기에는 플레어가 자주 발생하게 되기 때문에 특별히 주의할 필요가 있습니다. 물론 크고 멋진 오로라를 관측하고 싶어 하는 사람들한테는 이때가 바로 기회입니다.

선생님과 채팅해요!

지구는 거대한 자석입니다.
지구의 북극은 자석의 어느 극에 해당할까요?

정답은 S극입니다. 자석을 이용해서 북극을 찾을 때는 N극이 가리키는 곳을 찾아야 합니다. 자석의 N극이 가리키는 곳은 당연히 그 반대 극인 S극일 것입니다. 아직도 많은 사람들이 자석의 N극이 가리키는 곳이 북극이기 때문에 북극이 N극이라고 생각하고 있는데 이것은 잘못 알고 있는 상식입니다.

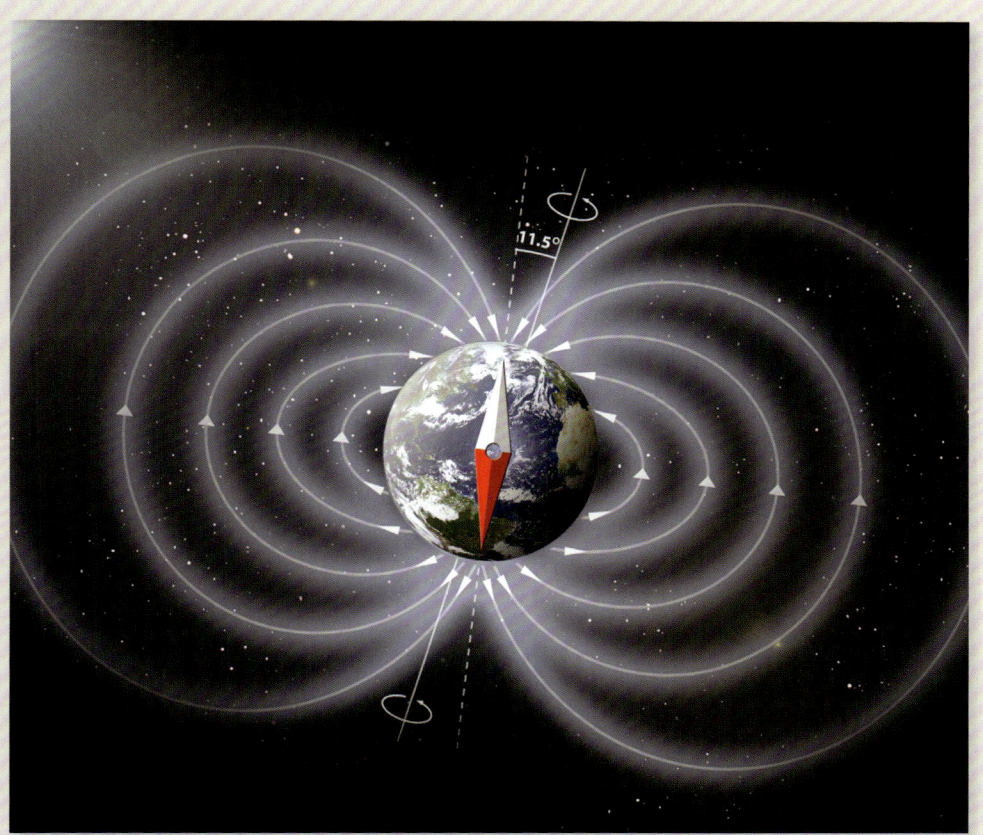

플라스마

기체의 온도가 올라가면 입자들은 서로 붙어 있지 못하고 아주 작은 원자로 나눠지게 됩니다. 그리고 온도가 더 올라가게 되면 그 원자는 다시 +전기를 띤 원자핵과 -전자를 띤 전자로 나눠지게 되지요.

수소나 헬륨, 산소와 같은 자연계의 모든 원소는 이렇게 원자핵과 전자가 모여서 만들어진 것입니다.

온도가 올라가서 원자가 원자핵과 전자로 나눠지는 것을 '전리'라고 합니다. 즉, 전기적으로 분리되었다는 말이지요.

기체의 온도가 올라가 원자핵과 전자로 나눠져 있는 상태를 플라스마라고 합니다. 플라스마 상태에 있는 입자들은 높은 에너지를 가지고 있기 때문에 매우 빠르게 날아다닙니다. 우주에 존재하는 물질의 대부분은 이렇게 플라스마 상태로 되어 있습니다.

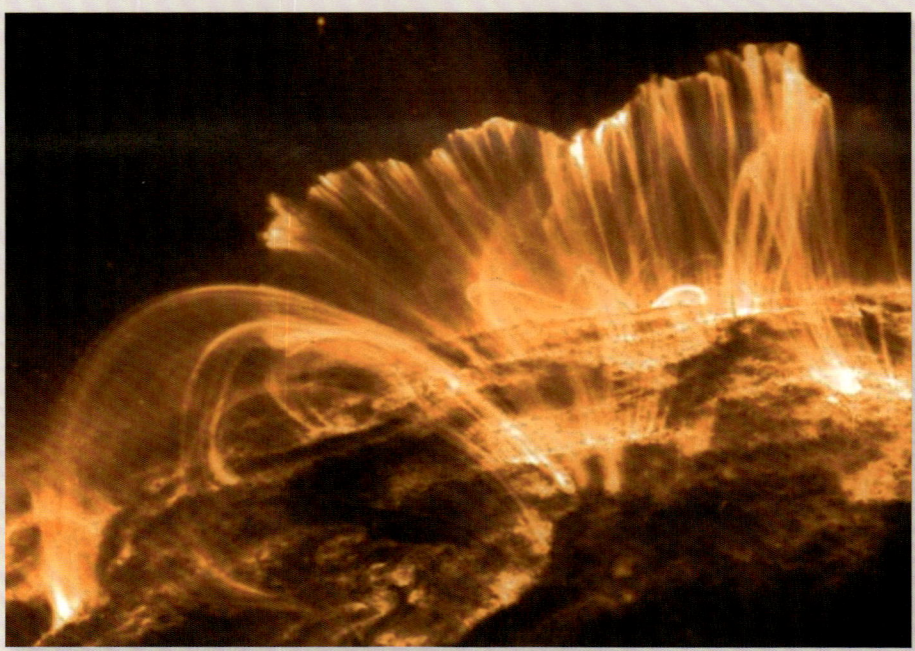

태양 표면의 플라스마 루프(사진출처: NASA)

내일 당장 태양이 블랙홀이 된다면 태양계의 행성들은 어떻게 될까요?

블랙홀

엄청난 크기의 중력을 갖는 천체로, 빛을 비롯한 주위의 모든 물체를 빨아들인다. 우리 눈에는 보이지 않고 단지 검게 구멍이 뚫린 것처럼 보인다.

태양 질량의 수십 배에 이르는 별들은 대규모의 초신성 폭발을 일으킨 후, 바깥쪽의 물질들은 우주 공간으로 흩어져 나가고 핵에 해당하는 중심부는 강한 수축력에 의해 급격하게 줄어든다. 이때 수축의 정도가 심해지면 빛조차도 빠져나갈 수 없는 천체가 형성되는데, 직접 관측할 수 없는 암흑의 공간이라는 의미에서 블랙홀이라고 한다.

물론 태양이 블랙홀이 될 수는 없습니다. 만약 태양이 회전하는 블랙홀이 된다면 지름이 3㎞ 정도로 무척 작아져야 합니다.

일단 불가능한 일이지만 태양이 블랙홀이 되었다고 가정해 보겠습니다.

자, 그러면 블랙홀로 변한 태양과 지금의 태양 질량에는 변화가 있을까요?

그렇지는 않습니다. 지름이 110만 ㎞ 정도인 태양이 3㎞ 정도로 작아지더라도 질량에는 변화가 없기 때문에 행성들에 미치는 태양의 중력은 지금과 같습니다.

따라서 정답은 행성들의 운동에는 특별한 변화가 없다는 것입니다. 다만 작아진 태양 가까이에는 블랙홀의 엄청난 중력으로 인해 시공간의 휘어짐 현상이 나타나고, 근처를 지나는 소행성이나 혜성은 그대로 블랙홀 속으로 빨려들 것입니다. 물론 태양빛이 사라지고, 태양에서 더 이상 핵융합반응이 일어나지 않기 때문에 태양계는 칠흑같은 어둠과 영하 270도 가까운 얼어붙은 세계로 변할 것입니다.

낮에 보이는 달과 밤에 보이는 달의 색이 다른 이유는 무엇일까요?

이 문제를 풀기 위해서는 먼저 빛의 특징을 알아야 합니다. 색은 덧칠할수록 검은색으로 변하고, 빛은 더할수록 흰색으로 변합니다.

색의 삼원색인 빨강, 파랑, 노랑을 섞으면 검은색이 되고, 빛의 삼원색인 빨강, 파랑, 녹색을 섞으면 흰색이 되는 것은 여러분도 알고 있을 것입니다.

밤에 달이 노랗게 보이는 이유는 태양이 노란색 별이기 때문입니다. 대기가 없는 달은 노란색 햇빛을 받아 그대로 반사시키기 때문에 밤에는 당연히 노랗게 보입니다.

하지만 낮에는 이 달빛이 파란 대기를 통과해서 우리 눈에 보이기 때문에 원래 노란 달빛과 파란 하늘빛이 섞여 거의 흰색으로 보이게 되는 것이지요.

달의 색이 다르게 보이는 이유 (사진출처: 천문우주기획)

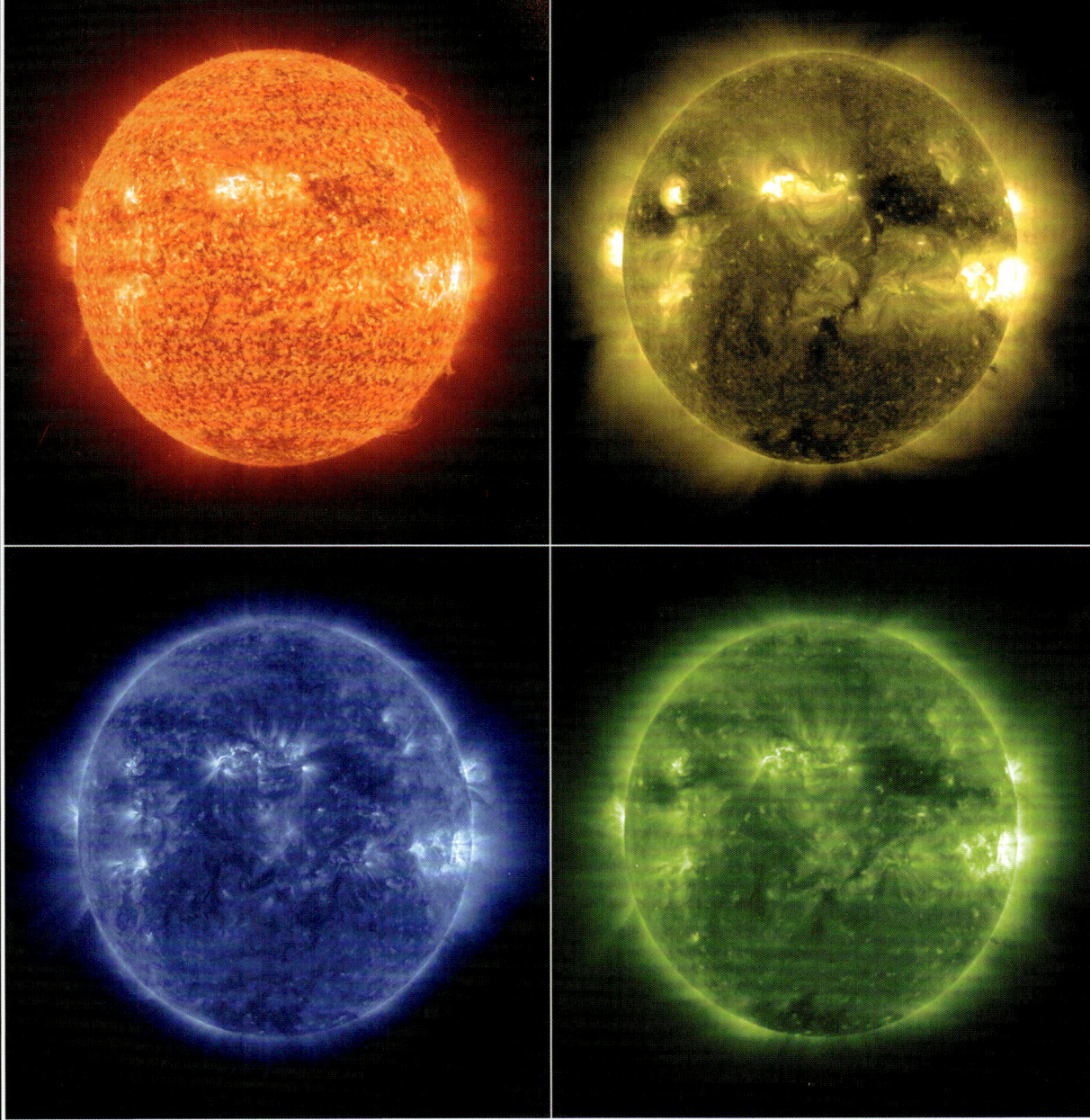

태양의 여러 모습 (사진출처: NASA)

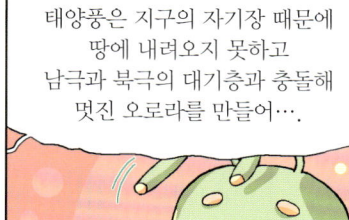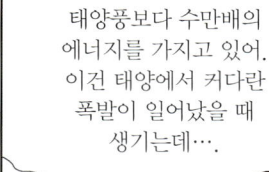

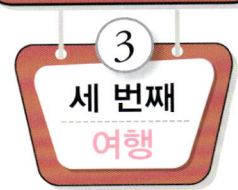

지구의 가장 가까운 이웃 달

"**달 달 무슨 달 쟁반같이 둥근 달** 어디 어디 떴나 남산 위에 떴지……"

하늘에서 달만큼 사람들에게 친근한 대상도 없을 것입니다. 높이 뜬 보름달을 볼 때면 사람들은 고향을 생각하고, 멀리 떨어져 있는 가족이나 연인의 얼굴을 떠올립니다. 태양만큼 화려하지는 않지만 눈이 부셔서 바라볼 수 없는 태양에 비해 달은 구름만 방해하지 않는다면 어디서

나 볼 수 있습니다. 비록 예쁘기로는 별에 뒤질지 모르지만 달은 도시의 불빛 속에서도 볼 수 있다는 장점이 있습니다.

사람들은 매일매일 조금씩 변해 가는 달을 보며 세월을 느끼고, 우주의 조화를 경험합니다. 그래서 달은 가장 오래된 자연의 시계였습니다. 오늘날은 태양을 기준으로 한 양력을 쓰고 있지만, 고대에는 대부분의 사람들이 달을 기준으로 한 음력을 사용하였습니다. 비록 공식적으로는 태양에게 시간의 척도를 빼앗겼지만, 지금도 많은 사람들이 달을 보며 날짜의 흐름을 느끼고 있습니다.

로마 제국의 황제였던 율리우스 카이사르가 클레오파트라에게 빠져서 이집트에 오래 머물지만 않았다면 달은 시간의 척도로서의 역할을 좀 더 오랫동안 유지했을 것입니다. 오늘날 우리가 쓰고 있는 양력은 카이사르가 이집트에 머물면서 그 유용함을 깨닫고 전파한 것입니다(우주견문록 3권에 자세히 나와 있어요).

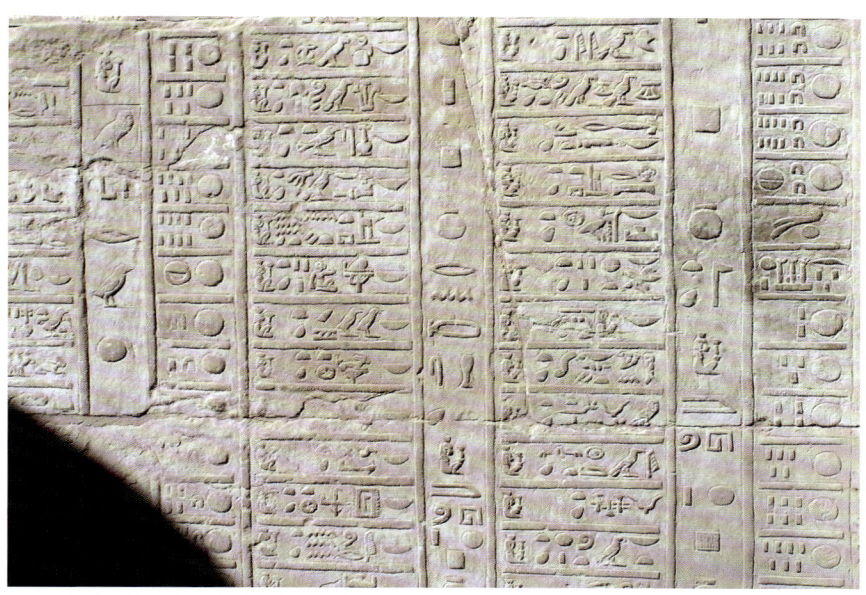

태양의 움직임을 보고 만든 이집트 태양력

비록 우리에게 친숙한 달이지만 모든 사람들이 달을 좋아한 것은 아닙니다. 달에 대한 감정은 나라와 문화에 따라 크게 달랐습니다. 달에 토끼가 산다고 믿었던 우리 민족에게 보름달은 가장 친숙한 밤 친구였습니다. 보름달이 뜨는 날에는 처녀들이 동네 공터에 모여 강강술래를 부르며 춤을 추기도 했고, 달빛 아래에서 도란도란 이야기꽃을 피우기도 했습니다. 그래서 보름달이 뜬 날은 자연스레 사람들이 많이 모이고, 밤이 친숙하게 느껴졌을 것입니다.

보름달에 익숙한 사람들은 달이 없는 그믐밤을 무척 두려워했습니다. 칠흙같이 어두운 산길을 걷던 사람들은 으레 귀신을 떠올리며 겁을 내었습니다. 그래서 우리나라의 전통 귀신들은 모두 그믐밤에 등장합니다. 처녀귀신, 총각귀신, 달걀귀신, 몽달귀신, 심지어 도깨비까지도 달이 없는 그믐밤을 좋아했습니다.

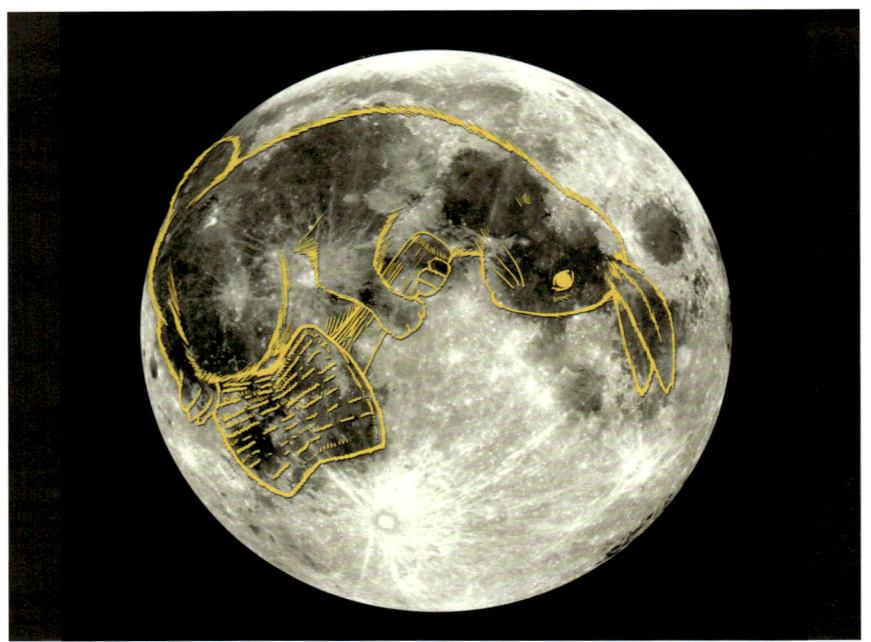

달_토끼(사진출처: 천문우주기획)

보름달은 반달보다 실제로 얼마나 더 밝을까요?

밤하늘에서 가장 밝은 것이 바로 달입니다. 그런데 실제로 보름달은 반달에 비해 얼마나 더 밝을까요?

흔히들 보름달이 반달보다 두 배 정도 크니까 밝기도 그 정도 될 것이라고 생각할 것입니다. 하지만 실제로 둘의 밝기 차이는 훨씬 큽니다.

보름달의 경우에는 햇빛을 정면으로 반사하고 있지만 반달은 90도 꺾인 옆면을 우리에게 보이고 있기 때문이지요. 실제로 보름달은 반달에 비해 약 10배 정도 더 밝습니다.

보름달과 상현달

우리나라와 달리 서양에서는 보름달이 가장 무섭고 싫은 존재였습니다. 서양 사람들은 달에서 춥고 사악한 기운이 나온다고 생각했습니다. 이런 생각은 달 속에 늑대인간이 산다는 오래된 믿음에서 비롯되었습니다. 우리가 토끼로 알고 있는 검은 부분의 중앙에 바로 서양 사람들이 생각하는 늑대인간이 있습니다. 하늘을 향해 포효하는 늑대인간의 모습을 발견한 서양 사람들에게 달은 결코 친근한 대상이 될 수 없었을 것입니다. 따라서 서양에서는 보름달이 뜬 밤에는 혼자 다니는 사람이 거의 없었습니다. 그러다 보니 사람들은 자연스레 보름날 밤에 귀신을 떠올리게 되었지요. 영화에 등장하는 드라큐라 백작, 늑대인간 같은 서양 귀신들은 항상 보름날 밤 달이 가장 높이 뜨는 자정 무렵에 등장합니다.

요즘 우리나라의 드라마나 영화를 보면 등장하는 귀신들의 국적이 의심스러울 때가 많이 있습니다. 보름달을 배경으로 등장하는 처녀귀신! 그 귀신의 머리색이 금발이었다면 덜 어색했을 것이란 생각을 합니다. 물론 우리나라 귀신들이 긴 세월 동안 보름달에 면역이 되었다면 할 말은 없겠지요.

서양 사람들이 보름달을 싫어하는 것은 블루문(blue moon)이란 단어에서도 알 수 있습니다. 블루문이란 한 달 안에 두 번째 뜨는 보름달을 의미합니다. 음력에서 한 달은 29~30일이기 때문에 양력으로 1일에 보름달이 뜨면 마지막 날쯤에 보름달이 한 번 더 뜰 수 있습니다. 기분 나쁜 보름달을 한 달에 두 번이나 보아야 하는 사람들의 심정이 좋을 리는 없었을 것입니다. 따라서 블루문은 우울한 달, 기분 나쁜 달이란 의미로 쓰였습니다.

서양의 통계를 보면 다른 날에 비해 보름날에 범죄율이 더 높다고 합니다. 심리학자들은 보름달이 잠재된 범죄 심리를 자극한다고 생각하고 있습니다. 보름달을 보면 마음속의 사악한 기운이 눈을 뜨는 것 같다고 말하는 사람도 있습니다. 우리나라의 경우 특별히 조사된 자료는 없지만 아마 보름날 밤의 범죄율이 다른 날에 비해 높지는 않을 것입니다.

토끼와 늑대인간 외에도 역사와 문화 속에 등장하는 달의 모양은 다양합니다. '어두운 바다' 부분을 포효하는 사자로 보기도 하고, 옆으로 기어가는 게나 악어로 보는 곳도 있습니다. 또한 아리따운 여인의 얼굴을 달에서 찾는 사람도 있다고 합니다. 보름달의 사진만을 놓고 본다면 알밤을 까먹고 있는 다람쥐의 모습이 가장 그럴듯한 상상이 아닐까 싶습니다.

달_늑대인간(사진출처: 천문우주기획)

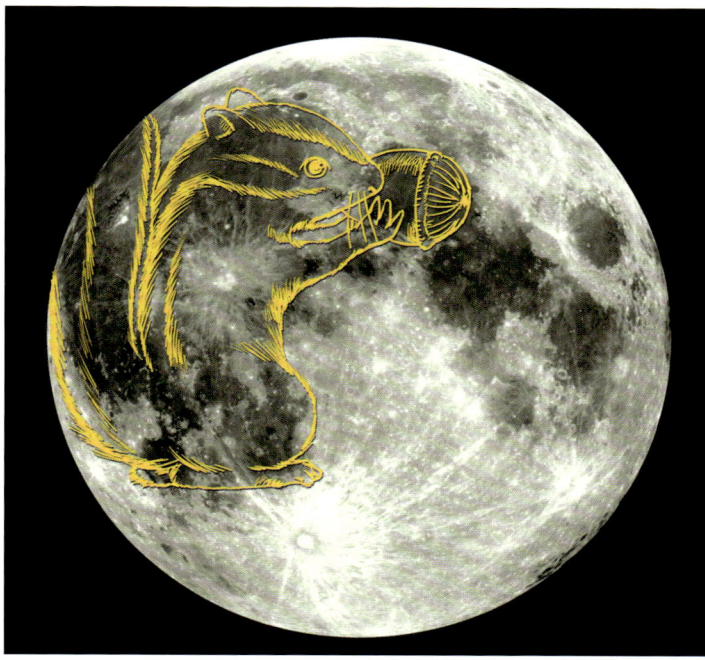

달_다람쥐(사진출처: 천문우주기획)

1609년에 갈릴레이가 천체망원경을 만들어 달을 보는 순간 달에 대한 모든 신화는 깨져 버렸습니다. 달은 더 이상 토끼도 늑대인간도 살 수 없는 곳이 되어 버렸지요. 그저 고요한 정적만이 흐르는 죽음의 세계, 그것이 바로 달이었습니다.

그러나 1969년에 아폴로 11호가 인류 최초로 달에 발을 내디딘 순간 달은 더 이상 죽음의 세계가 아니었습니다. 그날 이후 달은 인간이 우주로 나아가는 전초기지의 첫 번째 후보지가 되었습니다. 앞으로 10~20년 이내에 인간은 달에 기지를 건설할 것이고, 그곳을 발판으로 우주로 나아가게 될 것입니다. 달의 극 지역에 상당량의 물이 얼음 형태로 존재할 것이라는 탐사 결과는 인간의 달 기지 건설을 더욱 앞당길 것입니다.

달은 이제 신화에서 과학으로, 그리고 다시 인류의 터전으로 거듭나고 있습니다. 이 글을 읽는 여러분이 어른이 되었을 때, 그리고 필자 정도의 나이가 되었을 때는 그 달에서 지구를 바라보며 새로운 꿈을 꿀 수 있을 것입니다.

달에 얼음이 존재한다는데 사실인가요?

여러 가지 관측 결과를 종합하여 판단해볼 때 달의 극 지역에 얼음이 존재하는 것은 충분히 가능한 일입니다. 특히 1998년에 '루나 프로스펙터'라는 달 탐사선은 전파탐지기를 이용하여 달의 남극 지역에 100억 톤 가까운 물이 얼어 있을 것이라는 관측 결과를 보내오기도 했습니다.

하지만 아직까지는 달에 얼음이 직접 발견되지는 않았습니다. 1999년 여름, 루나 프로스펙터가 얼음이 있음직한 달의 남극에 충돌하여 그 충돌에 따른 열로 수증기가 피어오르는 것을 탐지하려고 했지만 실패하고 말았습니다.

루나 프로스펙터 (사진출처: NASA)

달에는 1만 개가 넘는 크레이터(운석 구덩이)가 존재합니다. 그리고 그곳에는 하나같이 과학 역사 속에 등장하는 위대한 주인공들의 이름이 붙여져 있습니다. 그 주인공들의 이름과 업적만 다 기억해도 아마 훌륭한 과학사 학자가 될 수 있을 것입니다.

달의 크레이터에 이름을 붙이는 작업은 1650년경에 이탈리아에서 시작되었습니다. 리치올리를 비롯한 당시의 이탈리아 천문학자들은 위대한 역사 속의 인물들을 달 지명에 나열하였습니다. 그리스의 천문학자였던 아리스토텔레스, 아르키메데스, 프톨레마이오스, 그리고 중세의 천문학자인 코페르니쿠스와 티코 브라헤, 케플러 등이 이들에 의해 가장 큰 크레이터들에 이름을 올리는 영광을 얻게 되었습니다.

그 후 유럽 각국에서는 서로 다른 이름의 지명을 달에 붙이기 시작했습니다. 그야말로 달의 땅따먹기 경쟁에 불이 붙은 것입니다. 너도 나도 작명가가 되어 이름을 붙였고, 하나의 크레이터에 서너 명의 이름이 올라가기도 했습니다. 결국 이러한 혼란은 20세기 초에 국제천문연맹(IAU)이 달 위원회를 열어 달의 이름을 조정하면서 끝나게 되었습니다.

달의 크레이터

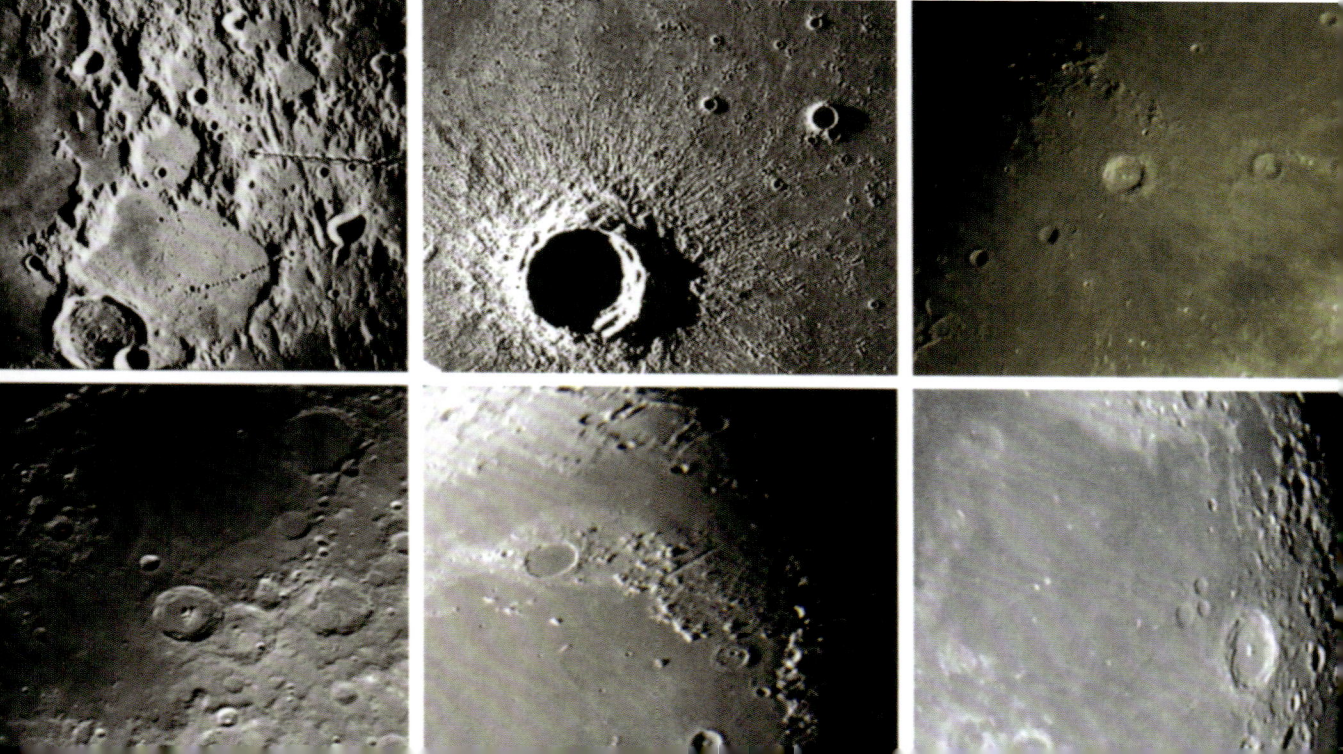

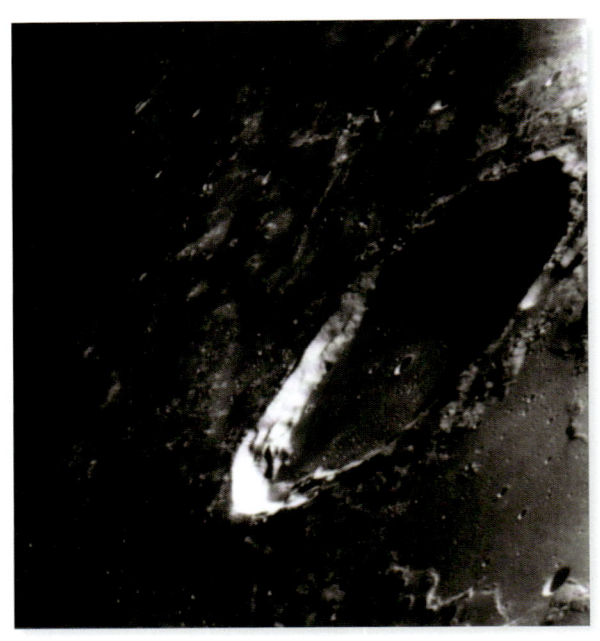

대부분의 크레이터에는 천문학자의 이름이 붙었지만 예술가, 수학자, 화학자 및 문학가 등도 상당수 달의 크레이터에 이름을 올렸습니다. 일본인의 이름을 가진 달 지명도 여섯 군데나 생겼습니다. 유감스럽게도 우리나라 사람의 이름이 붙은 지명은 한 군데도 없습니다. 위대한 과학 문화의 전통을 가진 민족의 후손으로서 조상들께 부끄러운 일이 아닐 수 없습니다.

20세기 말에 다시 한 번 달 크레이터의 땅따먹기 경쟁이 재현되었습니다. 1959년 10월, 구소련의 달 탐사선 루나 3호가 달의 반대편을 촬영하면서 달 반대편의 크레이터 따먹기 경쟁이 시작된 것입니다. 달의 반대편에는 바다와 같은 지형이 없기 때문에 훨씬 많은 크레이터들이 새로운 주인을 기다리고 있었습니다. 달 반대편의 크레이터 따먹기의 선두 주자는 역시 구소련이었습니다. 구소련은 자국 출신으로 러시아의 우주 진출을 예언한 치올코프스키, 18세기의 위대한 화학자 로모노프와 포포프 등의 이름을 달에 붙였습니다. 그 후 땅따먹기의 혼란이 재현될 것을 우려한 미국은 1970년에 미국의 천문학자 멘젤의 지휘 아래 달 반대편의 공평한 작명 작업을 진행하였습니다. 멘젤은 국적을 떠나 여러 방면에서 과학 발전에 공이 큰 인물들을 선정하였습니다. 주기율표를 만든 **멘델레예프**, 최초의 우주비행사인 **가가린** 등이 커다란 크레이터의 주인공이 되었습니다. 하지만 결국 여기에서도 우리나라 사람의 이름은 빠져 버렸습니다.

달에서 검게 보이는 부분은 '바다'라고 부릅니다. 물론 달에 지구와 같은 바다가 있을 수는 없습니다. 달의 바다에 이름을 붙인 것도 1650년경에 리치올리를 비롯한 이탈리아의 천문학자들이었습니다. 검게 보이는 것이 마치 지구의 바다와 같았기 때문에 처음에는 달에 바다가 있을 것이라는 생각에서 바다라는 이름이 붙여졌습니다. 결국 우주선들이 달을 방문하면서 바다는 산악 지형에 비해 표고가 낮고 검은색 암석으로 이루어진 지형이란 것이 밝혀졌습니다. 이것은 달 내부에 있던 용암이 흘러나와 굳은 현무암층입니다.

멘델레예프

제정 러시아의 화학자(1834~1907). 원소 주기율의 이론을 발표하고, 당시에는 아직 발견하지 못했던 칼륨, 스칸듐 따위 원소의 존재와 성질을 예언하였다. 저서에 《화학의 원리》가 있다.

가가린

소련의 우주비행사로, 1961년 4월 12일에 우주선 보스토크 1호를 타고 최고 고도 301㎞에서 89분 동안 지구를 한 바퀴 일주한 인류 최초의 우주비행사이다. 우주비행에 성공한 뒤 레닌 훈장을 받았고, 소련 우주비행사의 영웅이라는 칭호도 얻었다.

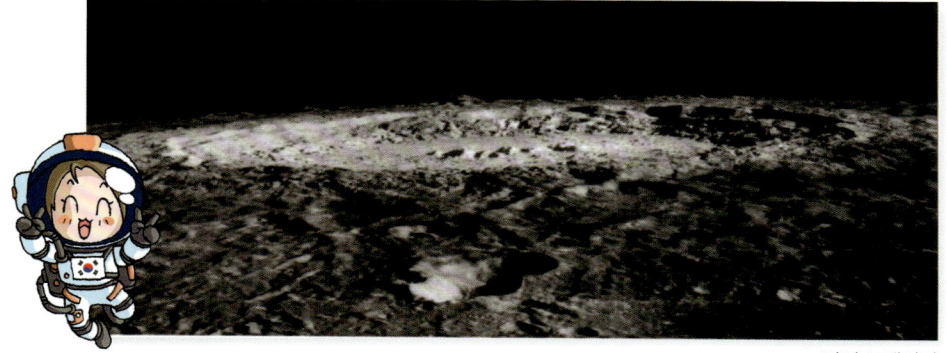

달의 크레이터

한가위 보름달과 정월 대보름달 중 어느 것이 더 클까요?

달은 지구 둘레를 약간 찌그러진 타원궤도를 따라 돌기 때문에 같은 보름달이라도 지구에서의 거리는 최고 10%까지 차이가 납니다. 따라서 보름달이라도 지구에서의 거리에 따라 조금씩 크기가 다르게 보이는 것은 당연합니다. 한가위 보름달과 정월 대보름달과 지구의 거리는 매년 다르기 때문에 어느 달이 더 크다고 말할 수는 없습니다. 일반적으로 한가위 보름달이 정월 대보름달보다 크다고 느껴지는 것은 이날 달을 보는 사람들의 마음에 여유와 즐거움이 더 많기 때문일 것입니다.

보름달이 완전히 둥글게 보이지 않을 때가 있는데 그 이유는 무엇인가요?

달이 완전히 둥글게 보이는 때는 태양의 정반대편에 놓이게 될 때입니다. 그런데 보름달은 음력 15일, 즉 보름에 뜨는 달을 뜻합니다. 즉, 엄밀히 말하면 보름달과 둥근 달은 약간의 차이가 있습니다.

음력에서 한 달은 29일과 30일이 반복되는데, 이것은 실제로 달이 보이지 않는 삭에서 다음 삭까지 29.5일이 걸리기 때문입니다.

따라서 달이 완전히 둥글게 되는 시각은 보름날에서 앞뒤로 하루 정도의 오차가 있게 됩니다. 결국 보름달이라고 해서 모두 완전히 둥근 달이 되는 것은 아닙니다.

달에 있는 땅을 상업적인 목적으로 소유할 수 있을까요?

외국에서 달에 있는 땅을 분양한다는 기사를 본 사람이 있을 것입니다. 하지만 이것은 재미를 위한 특별한 이벤트일 뿐 실제로 달의 땅을 파는 것은 아닙니다. 현재 국제조약에 의해 달은 누구의 소유도 될 수 없는 인류 공동의 재산입니다. 따라서 어느 나라나 개인이 달의 땅을 가질 수는 없습니다.

달의 반대편에 거대한 탑과 도시의 흔적이 있다는데 사실인가요?

출처를 알 수 없는 소식통이나 SF소설 등을 통해 달의 뒷면에 인공 구조물이나 거대한 도시의 흔적이 존재한다는 이야기가 심심치 않게 등장합니다. 어떤 이는 그곳에 외계인이 산다는 이야기까지 하고 있습니다. 하지만 달을 탐험한 사람들은 그 누구도 이를 인정하고 있지 않으며, 실제로 그런 것이 있는데 사실을 숨긴다는 것은 거의 불가능한 일입니다. 그믐에 가까운 날, 지구에서 달의 찌그러진 부분 옆으로 달의 뒷면을 볼 수 있습니다. 만약 이곳에 인공 구조물이 있고, 여기에서 희미한 빛이라도 나온다면 당연히 지구에서 볼 수밖에 없을 것입니다.

별의별 우주견문록
4
네 번째
여행

달의 기원과 특징

달은 처음부터 지구와 함께 만들어졌을까요? 달의 기원에 대한 가장 그럴듯한 이론은 '대충돌설'입니다. 이 이론에 의하면 달은 지구의 일부가 떨어져 나가 만들어진 것입니다. 지구가 만들어지고 얼마 안 되었을 때 화성 크기의 세 배 정도 되는 커다란 천체가 지구와 충돌합니다. 이 충돌로 인해 지구의 일부가 부서져 나갑니다. 그리고 그 부스러기들은 시간이 지나면서 서서히 모여서 달이 되었습니다. 그 결과로 달을 구성하는 대부분의 물질은 지구의 표면과 그 아래 있는 **맨틀**이라고 하는 부분의 성분과 매우 비슷합니다.

달은 태양계 초기에 만들어진 다른 천체들과 달리 중심에 철로 된 핵

달의 탄생

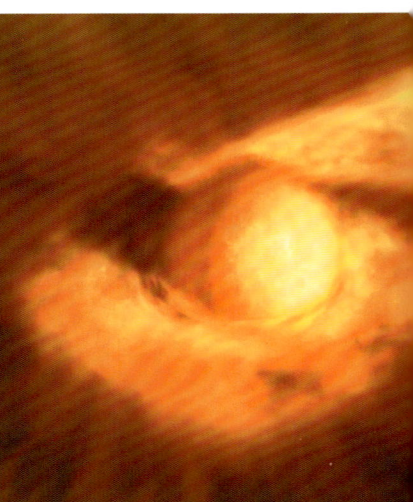

을 가지고 있지 않습니다. 만일 달이 지구처럼 독립적으로 만들어졌다면 그 중심에는 무거운 철이 있어야 합니다. 지구는 그 중심에 철로 된 핵이 있기 때문에 커다란 자석처럼 자기장을 갖고 있습니다. 하지만 달의 중심에는 철이 없기 때문에 자기장이 없으며 나침반을 이용할 수가 없습니다. 많은 학자들은 달이 지구의 표면에서 떨어져 나간 성분들로 이루어졌기 때문에 그 중심에 철로 된 핵이 없다고 생각하고 있습니다.

맨틀

지구 내부의 핵과 지각 사이에 있는 부분. 지구의 내부에는 지진파의 속도가 급격히 변화하는 불연속면이 몇 개 있고, 그것들을 기초로 중심으로부터 핵·맨틀·지각으로 나누어진다. 맨틀은 지구 부피의 83%, 질량으로는 68%를 차지한다.

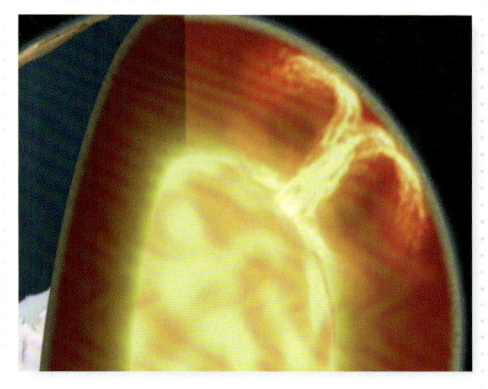

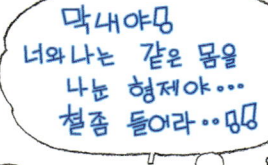
막내야 너와 나는 같은 몸을 나눈 형제야… 철 좀 들어라…

헤헤… 난 철이 아직…

달에서도 나침반으로 방향을 찾을 수 있을까요?

지구는 커다란 자석이라고 할 수 있습니다. 나침반은 지구의 자기장을 이용하여 방향을 찾는 장치입니다. 하지만 달에는 자기장이 없기 때문에 나침반을 이용해서 길을 찾는 것은 불가능한 일입니다.

 그러면 이렇게 만들어진 달은 어떤 특징을 갖고 있을까요? 달의 지름은 약 3,500㎞로 지구의 4분의 1 정도입니다. 중력은 지구의 6분의 1밖에 되지 않아서 몸무게가 60kg인 사람이 달에 간다면 10kg으로 가벼워질 것입니다. 지구에서 달까지의 평균 거리는 약 38만 ㎞ 정도로, 빛이 달까지 가는 데는 약 1.3초가 걸립니다. 지구에서 달까지의 거리를 정확

침식작용

빗물이나 흐르는 물이 지반(地盤)을 깎아 골짜기를 만들고 산을 무너뜨리는 현상. 지형을 변화시키는 작용에는 내부 원인으로 인한 지각운동이나 화산활동 등의 내적 작용과 외부 원인으로 인한 바람·비·하천·빙하·파도 등과 같은 주로 태양에너지에 바탕을 둔 외적 작용이 있는데, 침식작용은 외적 작용에 속한다.

풍화작용

지표의 암석이 비바람이나 햇빛으로 인하여 변질해 가는 현상. 풍화작용은 원인에 따라 물리적 풍화작용, 화학적 풍화작용, 생물적 풍화작용 등으로 크게 나눌 수 있다.

암스트롱

미국의 우주비행사. 오하이오 주 워퍼코네타 출생. 1955년에 퍼듀 대학을 졸업한 뒤 남캘리포니아 대학 대학원에서 항공학을 공부하였다. 각종 항공기의 시험비행을 한 뒤 미 항공우주국(NASA)의 우주비행사로 뽑혔다. 1966년 D. R. 스콧과 함께 제미니 8호를 타고 먼저 궤도에 진입해 있던 아제나 표적과의 첫 도킹에 성공하였다. 1969년 7월 20일에는 아폴로 11호로 E. E. 올드린과 함께 인류역사상 처음으로 달에 착륙하였다.

히 알 수 있는 것은 아폴로 11호가 달에 설치해 놓은 레이저 반사경 덕분입니다. 과학자들은 이곳에 레이저 광선 쏘아서 그것이 되돌아오는 시간을 측정하여 달까지의 정확한 거리를 알아내고 있습니다.

달은 공전 주기와 자전 주기가 같습니다. 즉, 달은 27.3일을 주기로 지구를 한 바퀴 돌면서 자신도 스스로 한 바퀴 자전을 합니다. 그 결과 달은 항상 한쪽 면만을 지구로 향하게 되는 것입니다.

달에는 대기가 없기 때문에 아주 급격한 온도의 변화를 보입니다. 낮인 지역에서는 온도가 100도가 넘어가고 반대로 밤인 지역에서는 영하 150도 이하로 추워집니다. 또한 달에는 공기와 물이 없기 때문에 **침식작용**이나 **풍화작용**이 없고 일단 만들어진 것은 거의 그대로 유지됩니다. 30여 년 전 아폴로 11호가 처음 달에 착륙했을 때 **암스트롱** 선장이 달에 새긴 발자국도 여전히 그대로 남아 있습니다.

달에서 보는 별과 지구에서 보는 별이 다를까요?

달에는 대기가 없기 때문에 지구에서보다 훨씬 많은 별을 볼 수 있습니다. 하지만 달에서는 지구처럼 별이 반짝이는 예쁜 모습은 볼 수 없을 것입니다.
별이 반짝이는 것은 대기의 영향 때문인데 대기가 없는 달에서는 단지 하늘에 바늘구멍처럼 정지해 있는 작은 빛으로 별을 볼 수 있을 것입니다.

그믐날 달에서 보는 지구는 얼마나 밝게 보일까요?

그믐날일 때 달에서는 둥근 지구를 볼 수 있습니다. 하지만 달에서 보는 둥근 지구는 지구에서 보는 보름달보다 훨씬 밝습니다.

보름달에 비해 보름지구의 면적은 대략 16배 정도 더 넓습니다. 그리고 햇빛을 반사하는 정도를 나타내는 반사율은 지구가 35%로, 달의 7%에 비해 5배 이상이나 큽니다.

따라서 보름지구는 보름달에 비해 약 80배 가까이 밝게 보일 것입니다.

일본 달탐사선 '가구야'가 촬영한 지구

달에서 지구를 보면 지구도 달처럼 모양이 바뀌면서 보일까요?

그렇습니다. 달이 초승달에서 보름달을 거쳐 그믐달로 가듯이 달에서 지구를 보면 초승지구, 상현지구, 보름지구, 하현지구, 그믐지구로 그 모습이 바뀝니다.

만약 달이 보름달이라면 그때의 지구는 그믐이 되어 보이지 않을 것입니다. 반대로 달이 그믐이라면 그때의 지구는 보름지구로 둥글게 보일 것입니다.

만약 달이 상현달이라면 지구는 당연히 하현지구이겠지요. 달과 지구의 위상이 반대가 되는 것은 태양, 지구, 달을 세 개의 공을 이용하여 실험해 보면 쉽게 이해할 수 있습니다.

일본 달탐사선 '가구야'가 촬영한 지구

지평선 위의 달이 크게 보이는 이유는 무엇일까요?

뜨거나 지고 있는 달은 높이 뜬 달에 비해 훨씬 크게 보입니다. 달의 크기가 하루 동안 변할 수는 없을 것입니다. 또한 지구와 달 사이의 거리가 아침저녁으로 크게 변할 수도 없을 것입니다. 그렇다면 달이 크게 보이는 이유는 무엇일까요?

여러 가지 실험을 통해 지평선에 있는 달이 머리 위에 떠 있는 달에 비해 두 배에서 세 배까지 커 보인다고 알려져 있습니다. 수천 년 동안 사람들은 달의 크기에 대한 이같은 의문을 풀기 위해 여러 가지 실험을 했고, 다양한 설명을 내놓았습니다. 유명한 그리스 철학자 **아리스토텔레스**도 이 현상에 대해 기원전 350년경에 이미 언급했으며, 그보다 300년쯤 전에 만들어진 아시리아의 니네베 왕립 도서관에서 발견된 흙판에서도 이에 대한 설명이 나와 있습니다.

오늘날 학자들은 달이 크게 보이는 것은 우리 눈의 착시 때문이라는

아리스토텔레스

고대 그리스의 철학자로, 플라톤의 제자이며 알렉산더 대왕의 스승이었다. 그는 물리학, 형이상학, 시, 생물학, 동물학, 논리학, 수사학, 정치, 윤리학 등 다양한 주제의 책을 저술하였다. 소크라테스, 플라톤과 함께 고대 그리스의 가장 영향력 있는 학자였으며, 그리스 철학이 현재의 서양 철학의 근본을 이루는 데에 크게 이바지하였다.

폰조 착시

끝이 점점 좁아지는 철로 그림의 가까운 곳과 먼 곳에 길이가 같은 선을 그렸을 때 먼 곳에 그린 선이 더 길어 보이는 것을 말한다. 달도 지평선 근처의 달이 하늘 높이 떠 있는 달보다 멀리 있다고 인식하기 때문에 '멀리 있는 것은 작아보인다'는 상식을 보완하려는 작용으로 달이 실제보다 더 커 보인다는 것이다.

결론을 내리고 있습니다. 지평선 위에 있는 달이나 높이 뜬 달의 크기는 거의 같습니다. 지평선의 달이 크게 보이는 것은 단지 우리의 시각적인 착각일 뿐입니다. 하지만 이렇게 말을 하는 필자 역시 상당히 오랫동안 그것이 착각이라는 것을 인정하지 않았습니다. 지평선에 커다랗게 걸린 달이나 해를 보면서 그것이 착시라는 것을 인정할 수 있는 사람이 얼마나 되겠습니까?

지평선에 있는 달이 크게 보이는 현상을 설명하는 이론을 '폰조 착시' 라고 합니다. 폰조 착시는 1913년에 이탈리아의 심리학자 마리오 폰조(Mario Ponzo, 1882~1960)가 철도 레일을 예로 들어 처음 주장한 착시

입니다. 폰조 착시는 우리 눈이 종종 물체 뒤에 있는 배경을 기초로 물체의 크기를 결정한다는 것을 보여 줍니다.

앞의 그림을 보세요. 철로의 앞과 뒤에 있는 두 상자 중 어느 것이 더 크게 보입니까? 시각적으로는 분명히 멀리 있는 철로 위의 상자가 커 보입니다. 하지만 두 상자를 직접 재어 보면 그 크기가 같다는 것을 알 수 있습니다. 우리 눈은 같은 크기의 물체라도 멀리 떨어져 있는 배경 위의 물체를 더 크게 느낍니다.

이것은 우리가 먼 거리에 있는 물체의 크기를 어떻게 판단하는지를 생각해 보면 쉽게 이해할 수 있습니다. 시골길에 길게 뻗어 있는 전봇대를 생각해 보세요. 거리가 멀어질수록 전봇대는 작아 보이지만 우리는 그 전봇대가 눈앞에 있는 전봇대와 같은 크기라는 것을 알고 있습니다. 철도 그림에서도 우리는 뒤쪽에 작게 보이는 철목들이 앞의 철목과 같은 크기라고 생각하고 있습니다. 이런 효과를 '크기 불변성'이라고 부릅니다. 본능적으로 갖고 있는 이 '크기 불변성'의 감각으로 우리는 먼 배경

폰조착시의 예

에 있는 물체가 가까운 배경에 있는 물체와 같은 크기라면 당연히 먼 쪽에 있는 물체를 크게 느끼게 됩니다. 원근법으로 그린 이 철로 그림에서 뒤에 보이는 철목보다 훨씬 커 보이는 상자가 앞의 상자보다 크게 느껴지는 것은 당연한 본능일 것입니다.

자, 그러면 폰조 착시로 어떻게 달의 착시를 설명할 수 있을까요? 그것을 설명하기 위해서는 먼저 하늘의 모양을 생각해야 합니다. 하늘은 반지름이 무한대인 가상의 구로 덮여 있습니다. 이러한 하늘의 구를 천문학에서는 천구라고 하는데, 지평선 위에 반구를 그려 하늘을 설명하는 것을 본 기억이 있을 것입니다. 그림에서 보듯이 천구 위의 모든 점은 우리가 서 있는 곳에서 같은 거리에 있습니다.

하지만 실제 우리가 느끼는 하늘은 완전한 반구가 아닙니다. 우리가

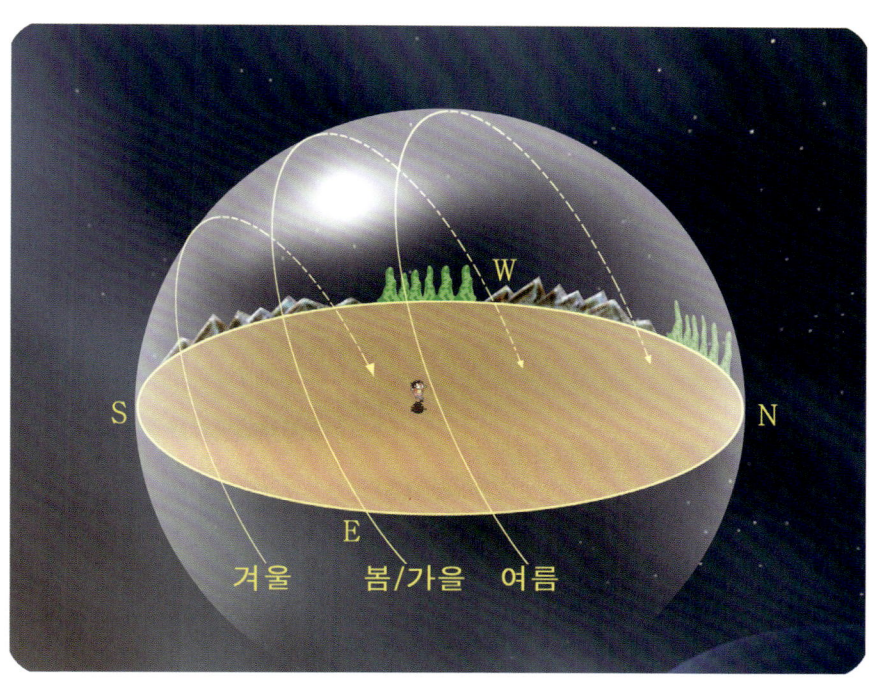

149

알하잔

아라비아의 수학자이자 물리학자. 프톨레마이오스(2세기에 활동) 이래 최초로 광학이론에 중요한 공헌을 했다. 지구의 지평선 가까이에서 겉보기 행성의 크기가 두드러지게 크게 보이는 현상 등에 관한 이론 등을 발표했다. 그는 빛이 눈에 보이는 물체로부터 나온다고 말해, 시각을 정확히 설명한 최초의 사람이었다.

보는 하늘은 중심 부분이 평평한 사발처럼 되어 있습니다. 즉, 우리는 머리 위의 하늘을 지평선 근처에 비해 훨씬 가깝게 느끼고 있습니다. 사실 하늘을 나는 새나 비행기는 지평선 근처에 있을 때에 비해 우리의 머리 위에 있을 때가 훨씬 가깝습니다.

이미 11세기에 아랍의 과학자였던 **알 하잔**(Al-Hazan)은 하늘을 이렇게 인식하는 것은 우리가 평평한 지형에 대한 경험을 갖고 있기 때문이라고 설명했습니다. 땅을 내려다보면 바로 아래쪽이 가장 가깝고 고개를 들수록 땅이 멀어져 지평선에서 가장 멀어지게 됩

니다. 이런 생각이 하늘에도 연장되어 우리는 머리 위가 가장 가깝고 지평선이 가장 먼 평평한 사발 모양의 하늘을 무의식적으로 생각하는 것입니다.

  자, 이제 달로 돌아가겠습니다. 사발 모양의 하늘에 붙어 있는 달을 생각해 보세요. 같은 크기의 달이 가깝게 느껴지는 높은 하늘과 멀게 느껴지는 지평선 근처에 있을 때 어느 것이 더 크게 보일까요? 결국 폰조 효과로 인해 우리 머리는 지평선 근처에 있는 달을 훨씬 크게 느끼게 되는 것입니다.

  최근 미국에서 실험을 통해 지평선이 천정에 비해 4배 정도 멀리 느껴진다는 것을 밝혀내었고, 이 실험으로 달 착시의 원인은 폰조 착시라는

개기월식 때 달이 완전히 어두워지지 않고 붉게 보이는 이유는 무엇일까요?

낮에 하늘이 푸르게 보이는 이유는 햇빛이 대기를 통과할 때 푸른빛이 가장 많이 산란되기 때문입니다. 하지만 푸른빛은 붉은빛에 비해 멀리까지 가지 못하는 단점이 있습니다. 이것은 에너지가 높은 FM 전파보다 약한 AM 전파가 더 멀리까지 가는 것과 같은 이치입니다.

저녁 때 해가 지고 난 후 하늘이 붉게 보이는 이유는 지평선 아래에 있는 햇빛이 대기에 의해 굴절되어 보이기 때문인데, 낮보다 햇빛이 도달하는 거리가 길어져서 붉은빛으로 보이는 것입니다.

월식은 달과 지구, 태양이 완전히 일직선으로 놓일 때 생기는 현상으로 황혼과 같이 지평선 아래에 있는 햇빛이 대기에 의해 굴절되어 달에 희미하게 비치기 때문입니다.

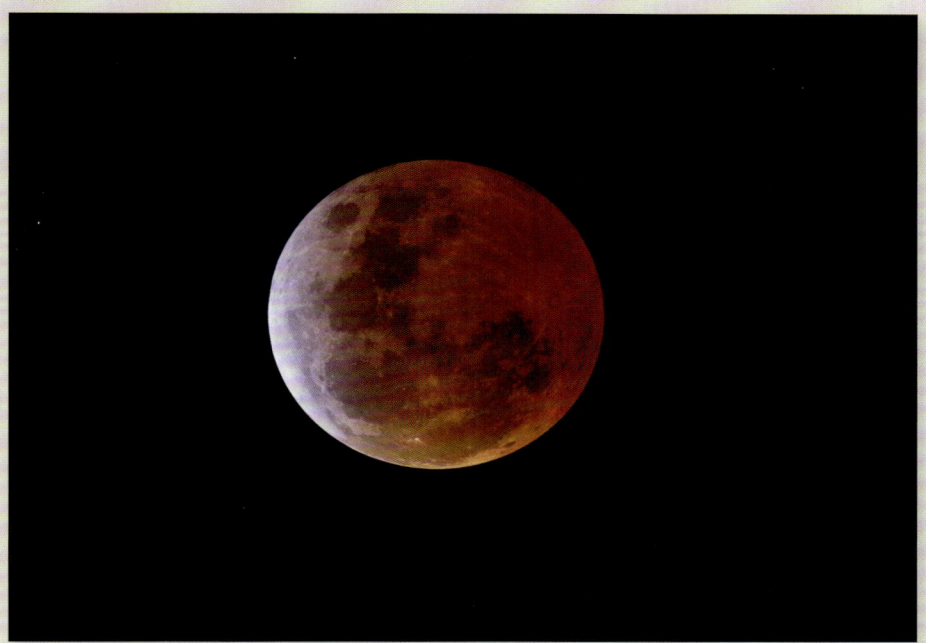

태양과 달, 지구가 일직선이 될 때 개기일식이 일어납니다. 그렇다면 매달 그믐 때마다 개기일식이 일어나지 않는 이유는 무엇인가요?

그믐은 태양, 달, 지구의 순서로 배열될 때 일어납니다.
　만약 세 개의 천체가 같은 평면에서 움직인다면 매달 그믐이 될 때마다 달이 태양을 가려서 개기일식이 일어날 것입니다. 하지만 달이 움직이는 궤도(이것을 백도라고 함)가 태양과 지구를 연결하는 평면에서 약 5도 정도 기울어져 있기 때문에 그믐 때마다 개기일식이 일어나지는 않습니다.

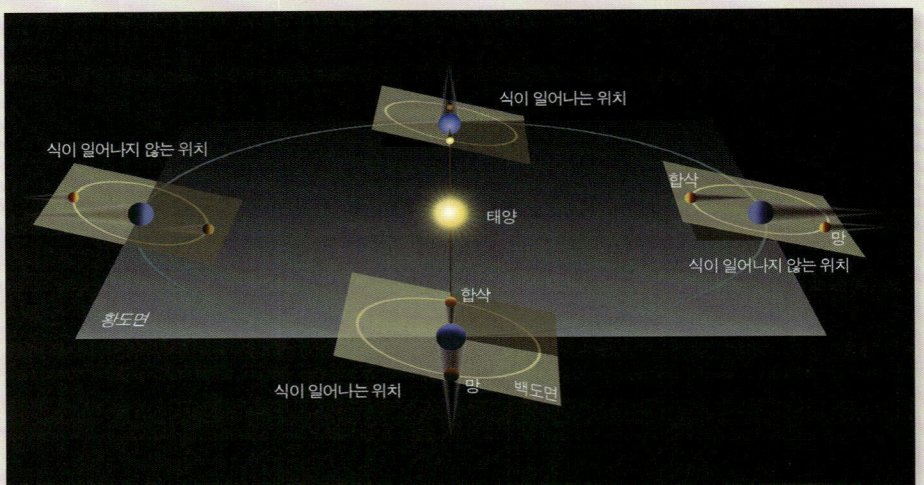

초승달이 뜬 날 희미하게 둥근 달의 모습이 보이는 이유는 무엇인가요?

초승달이나 그믐달이 뜬 날 달을 자세히 보면 희미하게 둥근 달의 모습을 볼 수 있습니다. 이 희미한 부분을 지구조, 즉 지구의 빛그림자라고 부릅니다.

　달이 가늘수록 이 모습을 잘 볼 수 있는데 이것은 그믐에 가까울수록 달에서 보는 지구가 밝기 때문입니다. 그믐날 달에서 보는 둥근 지구는 지구에서 보는 보름달보다 수십 배 이상 밝기 때문에 지구의 빛에 의해 달의 어두운 부분이 희미하게 보이는 것은 당연한 일이겠지요.

달의 기원과 특징

휘영청 밝은 달을 보니 다시 생각나고 다시 생각나니 또 눈물이….

박사님. 저 달은 어쩌다 지구의 위성이 됐나요?

달은 우연히 지구의 위성이 된 게 아니라 태어나는 순간부터 지구의 위성이었어.

지구가 만들어지고 얼마 안 되었을 때 커다란 천체가 지구와 충돌하는데 이때 부서져 나간 잔해들이 모여서 달이 됐지.

그렇게 옛날 일을 보지도 않고 어떻게 알아요?

응?

태양계의 나그네, 혜성과 유성

꼬리별 혜성

밤하늘에서 볼 수 있는 가장 멋진 대상 중의 하나가 바로 혜성일 것입니다. 길게 꼬리를 드리우며 나타나는 혜성은 마치 먼 곳에서 찾아오는 귀한 손님 같습니다. 1990년대 후반부터 2000년대 초까지

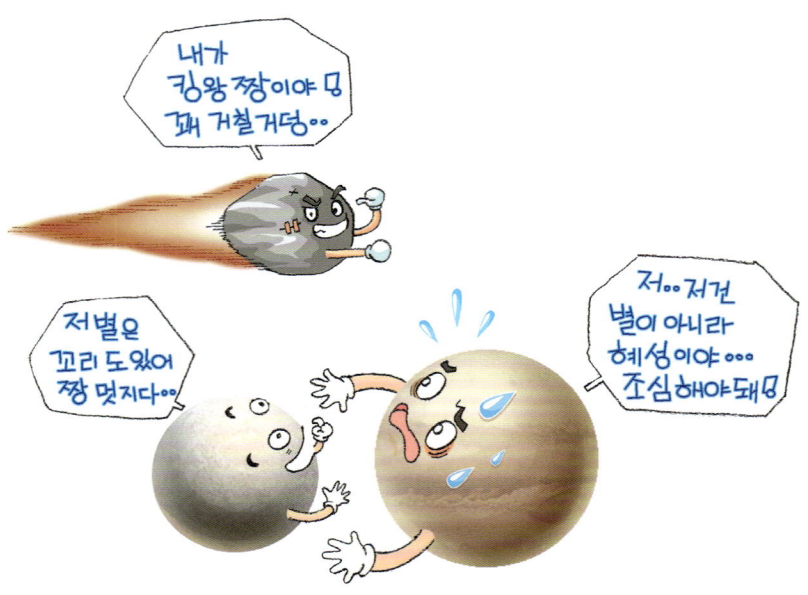

가끔씩 밝은 혜성이 등장하여 사람들의 마음을 설레게 하고 있습니다. 여러분 중에도 멋진 혜성의 모습을 직접 본 사람이 있을 것입니다. 지금은 혜성이 태양계를 이루는 천체 중의 하나라는 것을 알게 되었지만 옛날 사람들은 그렇지 못했습니다. 옛날 사람들은 혜성을 지구 대기권에서 생겼다 사라지는 구름같은 것으로 생각했습니다. 따라서 혜성을 뜻하는 영어 이름 코메트(comet)는 매우 재미있는 뜻을 갖고 있습니다. 코메트란 말은 원래 '밤에 머리를 풀어헤치고 뛰어다니는 여인'이라는 말에서 나왔습니다. 밤에 머리를 풀고 다닌다는 것은 정상적인 모습은

티코 브라헤

덴마크의 천문학자. 1572년, 카시오페이아자리에 나타난 새로운 별(초신성)에 대하여 자세한 광도 관측을 하여 일약 유명해졌다. 당시의 일반적인 생각과 달리 혜성이 지구 대기의 현상이 아니라 천체임을 입증하였고, 화성의 운동을 관측하여 화성이 충의 위치에 놓일 때는 태양보다 지구에 더 가깝다는 것을 밝혀냈다.

아니겠지요. 그래서 혜성이 나타나면 사람들은 불길한 일이 생길 것으로 예상하고 조심했다고 합니다. 우리나라에서는 혜성을 가리켜 살별, 객성(客星) 혹은 요성(妖星)이라고 불렀는데 별로 좋은 뜻은 아니었습니다.

혜성이 지구 바깥의 작은 천체라는 것이 밝혀진 것은 지금으로부터 약 400년 전인 16세기 후반이었습니다. 당시에 가장 위대한 천문학자였던 **티코 브라헤**(1546~1601)는 혜성을 유심히 관찰하여 이것이 지구 밖의 천체라는 것을 처음으로 밝혀냈습니다.

혜성의 구조

혜성이 태양으로부터 멀리 떨어져 있을 때는 희미한 핵만 볼 수 있는데, 대부분의 혜성은 핵의 지름이 몇 km 정도이며 큰 것도 수십 km를 넘지 않습니다. 혜성의 핵은 주로 얼음과 티끌, 가스 등이 뭉쳐진 덩어리로 흔히 지저분한 얼음 덩어리라고 불립니다. 혜성이 태양과 지구까지 거리의 몇 배 정도 거리에 이르게 되면 핵의 온도가 올라가 얼음이 증발하면서 지름이 수십만 km 정도 되는 거대한 가스 무리를 만듭니다. 이러한 가스 무리를 코마(coma)라고 부르는데, 핵과 코마를 합친 부분을 혜성의 머리라고 합니다. 혜성이 태양에 좀 더 가까이 접근하게 되면 태양에서 불어오는 태양풍에 밀려 꼬리가 생깁니다. 따라서 혜성의 구조는 핵과 코마를 합친 머리와 꼬리로 나눠지게 됩니다. 혜성의 꼬리에는 두 가지가 있는데 가스꼬리(이온꼬리라고도 함)와 먼지꼬리(티끌꼬리라고도 함)가 바로 그것입니다.

이 중 가스꼬리는 가스들이 태양풍에 의해 뒤로 밀린 것으로, 태양의 반대편으로 길게 생깁니다. 이때 가스들은 태양풍에 의해 에너지를 받아서 전기를 띠는 플라스마 상태가 됩니다. 먼지꼬리는 핵에서 떨어져 나온 먼지나 티끌 같은 굵은 입자들이 자신의 공전 궤도 쪽으로 밀려

코마

혜성이 태양에 가까이 다가옴에 따라 핵에서 기체와 먼지를 방출하여 핵을 둘러싼 큰 구름층을 만드는데, 이 구름층이 바로 코마이다. 코마는 태양빛을 받아 반사되기도 하고 이온화된 원자들이 재결합하면서 스스로 빛을 내기도 한다. 코마의 반지름은 수백만 km나 된다.

나가서 생긴 구부러진 꼬리입니다. 일반적으로 가스꼬리는 푸른빛으로 보이는데 이것은 전기를 띤 가스의 입자들이 내는 빛입니다.

이에 반해 먼지꼬리는 태양빛을 반사하여 노랗게 보입니다. 자, 아래에 있는 혜성 사진을 보세요. 참 멋진 꼬리를 갖고 있지요? 이 사진은 1997년에 지구를 찾아왔던 헤일-밥이라는 혜성입니다. 여기서 여러분의 관찰력을 한번 시험해 보겠습니다.

헤일-밥 혜성

1881년 이래 지구 안쪽의 태양계로 들어온 혜성 가운데 가장 큰 혜성. 1997년 4월 1일에 태양과 1억 5천만 km 거리로 가장 가까이 접근했는데 1월 초부터 1등급의 밝기를 보이며 독수리자리, 백조자리, 페가수스자리를 지나는 행로를 밟았다. 지구에 가장 근접한 것은 1997년 3월 23일이었는데, 이때 지구와 혜성과의 거리는 약 2억 km 였다. 직경이 20~40km로 엄청나게 컸기 때문에 육안으로도 확인이 가능했다.

헤일-밥 혜성 사진, 한국천문연구원

이 사진 속에서 혜성은 어느 방향으로 날아가고 있을까요? 길게 꼬리를 끌며 날아가는 혜성의 모습을 보면서 대부분의 사람들은 이 혜성이 꼬리의 반대 방향으로 날아가고 있다고 생각할 것입니다. 사람이 달릴 때 머리카락이 뒤로 날리는 것과 같은 경우로 생각을 했기 때문이지요. 하지만 우주에는 공기가 없기 때문에 움직이는 방향의 반대쪽으로 바람이 불지 않습니다. 혜성의 꼬리를 만드는 것은 태양에서 날아오는 태양풍뿐입니다. 따라서 혜성의 꼬리는 움직이는 방향의 반대쪽으로 나는 것이 아니라 태양의 반대 방향으로 생깁니다. 따라서 이 사진만으로는 이 혜성이 어느 쪽으로 움직이고 있는지는 알 수 없습니다. 이 사진 속에서 우리가 알 수 있는 것은 꼬리의 반대쪽에 태양이 있다는 것입니다. 좀 더 정확히 말하면 푸른빛을 띠고 있는 가스꼬리의 반대편에 태양이 있다는 것이지요.

    혜성의 꼬리는 태양에 가까이 접근했을 때 가장 길어집니다. 따라서

핼리혜성

혜성의 꼬리가 멋지게 보일 때는 주로 혜성이 태양 옆에 있을 때이므로 해가 진 뒤의 서쪽 하늘이나 해 뜨기 전의 동쪽 하늘에서 이런 혜성을 볼 수 있습니다. 태양으로부터 멀어지게 되면 다시 온도가 내려가 혜성은 자그마한 핵으로 얼어붙게 됩니다.

혜성 중에 가장 널리 알려진 것은 76년의 주기를 가진 핼리 혜성입니다. 영국의 천문학자 **에드몬드 핼리**(Edmund Halley, 1656~1742)는 1682년에 처음으

에드몬드 핼리

영국의 천문학자(1656~1742). 주기적으로 나타나는 혜성이 있음을 발견하고 1758년에 출현할 혜성을 예언하였다. 또 항성의 고유운동과 달의 장년(長年) 가속도를 발견하였으며, 뉴턴의 《자연철학의 수학적 원리》의 출판을 도왔다.

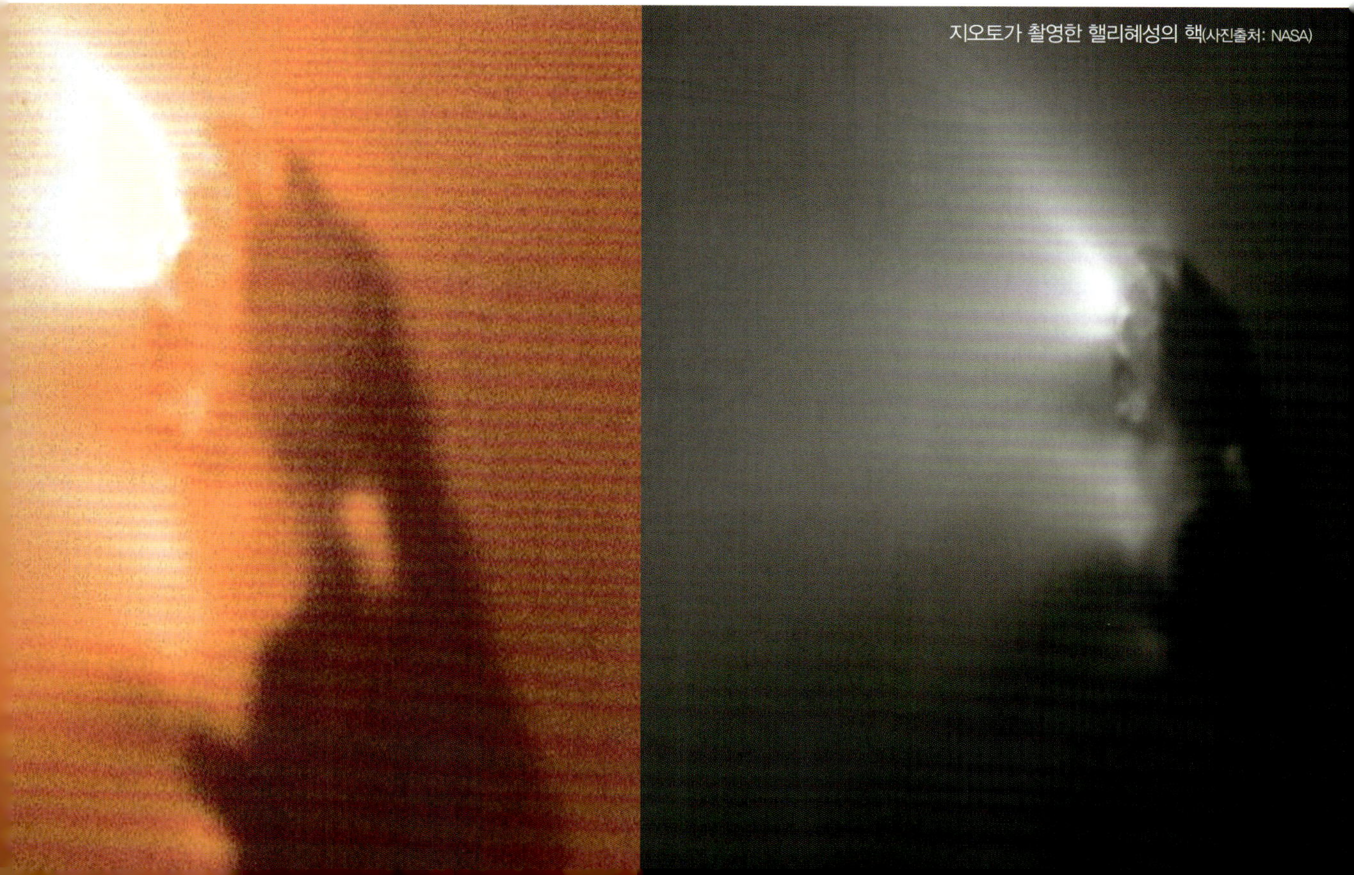

지오토가 촬영한 핼리혜성의 핵(사진출처: NASA)

로 이 혜성을 관측하였으며, 이것이 주기적으로 태양에 접근한다는 것을 알아냈습니다. 그로부터 76년이 지난 1758년에 핼리는 이미 죽었지만 그가 예측한 대로 혜성이 나타나자 사람들은 이 혜성을 핼리혜성이라고 불렀습니다. 핼리는 최초로 혜성이 주기적으로 태양을 도는 천체라는 것을 밝혀낸 것입니다. 1986년에 핼리혜성이 지구에 접근했을 때 유럽우주국(ESA)은 '지오토'라는 혜성 탐사선을 핼리혜성의 핵에서 수백 km 떨어진 곳까지 접근시켜 핵의 비밀을 밝히는 사진을 찍기도 했습니다. 따라서 핼리혜성은 인류가 우주탐사선을 이용하여 정밀 관측한 최초의 혜성이기도 합니다.

핼리혜성에 접근하는 지오토 상상화(사진출처: ESA)

혜성의 고향

매년 수십 개 이상의 혜성이 태양을 찾아오고 있는데 그들은 과연 어디에서 오는 것일까요? 혜성이 어딘가에서 계속 만들어지고 있는 것은 아닐까요?

혜성들은 태양에 접근할 때마다 서서히 그 질량이 줄어듭니다. 증발되어 날아가는 부분도 있고, 꼬리에서 떨어져 나가 궤도에 흩어지는 티끌들도 있기 때문입니다. 만약 태양계가 처음 생겼을 때부터 날아왔던 혜성이라면 이런 혜성들은 수십억 년이 지난 지금은 이미 사라졌어야 합니다. 하지만 매년 수십 개 정도의 혜성이 거의 같은 비율로 태양을 찾아옵니다. 이것은 어딘가에서 계속 혜성이 공급된다는 것을 의미합니다. 이러한 의문을 풀려면 혜성의 고향을 찾아보아야 합니다.

이 문제를 해결하기 위해서는 먼저 알아야 할 것이 있습니다. 일반적으로 혜성들은 다시 나타나는 주기에 따라 세 가지로 나누어집니다. 몇 년에서 몇십 년 정도의 주기로 태양을 다시 방문하는 단주기 혜성, 200년 이상의 긴 주기를 가지고 나타나는 장주기 혜성, 그리고 한 번 왔

오르트

네덜란드의 천문학자. 1924년에 레이덴 천문대의 천문학자로 임명되었으며, 1945~70년에는 대장으로 근무하였다. 태양 주변에 있는 여러 항성의 특유한 운동을 통계적으로 처리하여 은하계 회전설을 실증했다. 또 은하계의 역학을 연구했으며, 1932년에는 은하면에 수직방향으로 작용하는 힘을 연구했다. 1938년에는 항성 간의 가스나 먼지에 의한 성광(星光)의 흡수 상태를 연구하여 광학·역학 양면에서 은하계의 구조와 운동을 밝혀냈다.

다가 다시 돌아오지 않는 비주기 혜성이 있습니다. 혜성의 종류에 따라 혜성이 출발하는 고향이 달라집니다.

혜성의 고향에 대한 해답은 1950년경 네덜란드의 천문학자인 **오르트**에 의해 처음으로 알려졌습니다. 오르트는 그때까지 나타난 혜성들의 궤도를 계산하여 태양으로부터 약 3~15조 km(빛의 속도로 약 1년 정도 가는 거리) 정도의 위치에 혜성의 핵들이 모여 있는 혜성의 고향이 있다는 이론을 발표했습니다. 혜성의 고향은 오르트의 이름을 따서 오르트구름이라고 합니다. 오르트구름이 생긴 원인은 태양계가 만들어질 때 성운(별구름)의 외곽에 있던 물질들이 안으로 모이지 못하고 서로 엉겨 붙어서 만들어진 것으로 추측되고 있습니다. 오르트구름 속에 있는 혜성의 핵들은 가까이 지나가는 별이나 별들 사이의 가스들, 그리고 서로의 중력 때문에 태양 쪽으로 밀려와 멋진 꼬리를 가진 혜성이 되는 것입니다. 오르트구름에서 오는 것으로 생각되는 혜성은 수백 년 이상의 긴 주기를 가

오르트 구름

지고 나타나거나 한 번 왔다가 영영 사라지는 비주기 혜성이 됩니다. 하지만 오르트구름이 있는 곳은 망원경이나 우주탐사선으로 관측할 수 없을 정도로 멀고 어둡기 때문에 실제로 존재하는지에 대한 증거를 찾을 수는 없습니다.

　혜성의 고향에 대한 두 번째 해답은 1992년 이후 명왕성 궤도 바깥에서 자그마한 소행성들이 발견되면서 밝혀지기 시작했습니다. 해왕성과 명왕성 궤도가 겹치는 부근을 중심으로 수만 개 이상의 소행성들이 존재하는 벨트가 발견된 것입니다. 이곳은 '에지워스 카이퍼 벨트(줄여서 카이퍼 벨트라고도 함)'라고 부르는 곳으로, 현재는 단주기 혜성의 고향으로 여겨지고 있습니다.

　태양계가 만들어질 당시의 모습을 그대로 간직하고 있는 천체이기 때문에 혜성을 '태양계의 화석'으로 부르기도 합니다. 천문학자들이 혜성을 연구하는 중요한 이유 중의 하나는 바로 혜성을 통해 태양계의 초기의 모습을 알기 위해서입니다.

퀘스트 혜성

태양의 나그네, 혜성과 유성

멋지지?

엄청 큰 별똥별이다.

무슨 소리! 별똥별이 아니라 혜성이야!

이건 헤일 밥 혜성의 사진이야.

그건 대체 뭔데요?

주로 얼음과 티끌, 가스 등이 뭉쳐진 덩어리인데 핵의 지름이 몇 km 정도이고 큰 것도 수십 km 정도 밖에 안돼.

하지만 사진에는 엄청 커 보이는데요?

그건 혜성이 태양 가까이에 올수록 핵의 온도가 올라가 얼음이 증발하면서 지름이 수십만 km 정도 되는 가스 구름을 만들기 때문이야.

168 별난 과학 선생님의 우주견문록

별의별 우주견문록
6 여섯 번째 여행

태양계의 나그네, 혜성과 유성

별똥별 유성

불빛이 없는 시골 하늘에서라면 달이 없는 맑은 밤에는 한 시간에 서너 개 이상의 유성을 볼 수 있습니다. 특히 7월 말에서 8월 중순까지의 여름철에는 시간당 열 개 이상의 많은 유성이 보입니다. 우리말로는 별똥별이라고 불리는 유성은 우주를 날아다니던 물질이 지구의 대기권 속으로 빨려들어와 타는 현상을 말합니다. 대부분의 유성은 땅에서 100㎞

사자자리 유성우 (사진출처: 천문우주기획)

정도 높이에서 타기 시작해서 60km 정도에 이르면 다 타버립니다. 유성이 지구에 떨어지는 속도는 보통 초속 20~70 km 정도이기 때문에 대부분의 유성은 2~3초도 안 되는 시간 동안 잠깐 보이게 됩니다.

태양계 내에서 특별한 궤도 없이 떠다니는 물질들을 '유성체'라고 하는데, 이것들이 바로 유성이 되는 물질들입니다. 유성체는 지름 몇 km의 작은 소행성 정도 크기에서부터 1mm보다 작은 먼지나 티끌에 이르기까지 그 크기나 모양이 아주 다양합니다. 비교적 큰 유성체들은 소행성들이 서로 충돌하면서 만들어낸 조각들로 여겨지고 있으며, 먼지나 티끌같은 작은 유성체들은 대부분 혜성에서 떨어져 나왔을 것입니다.

우리가 흔히 하늘에서 볼 수 있는 유성들은 대부분 혜성에서 떨어져 나온 부스러기들로, 공기 중에서 다 타버려 땅에까지 도달하는 일은 거의 없습니다. 하지만 커다란 유성체들은 가끔씩 땅에 닿아서 운석을 남

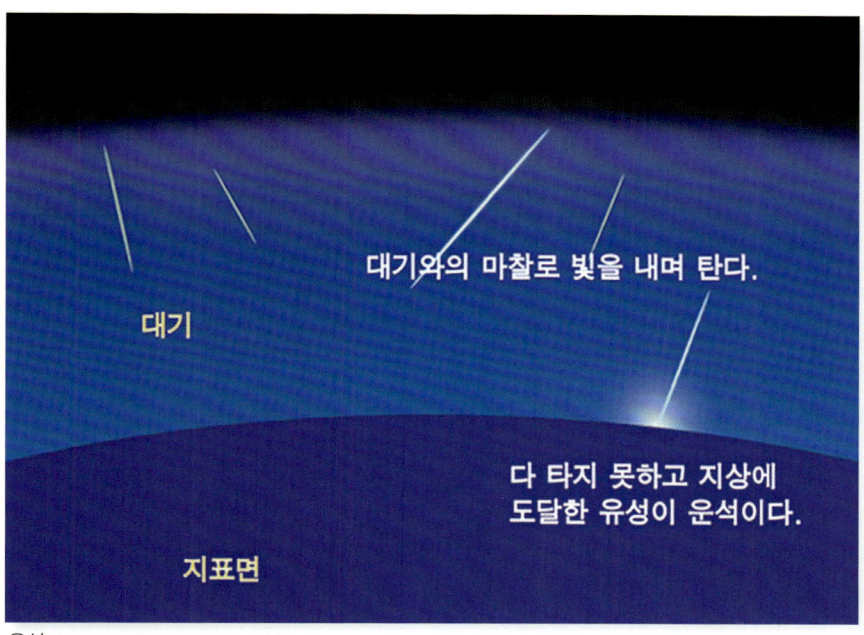

유성(사진출처: 천문우주기획)

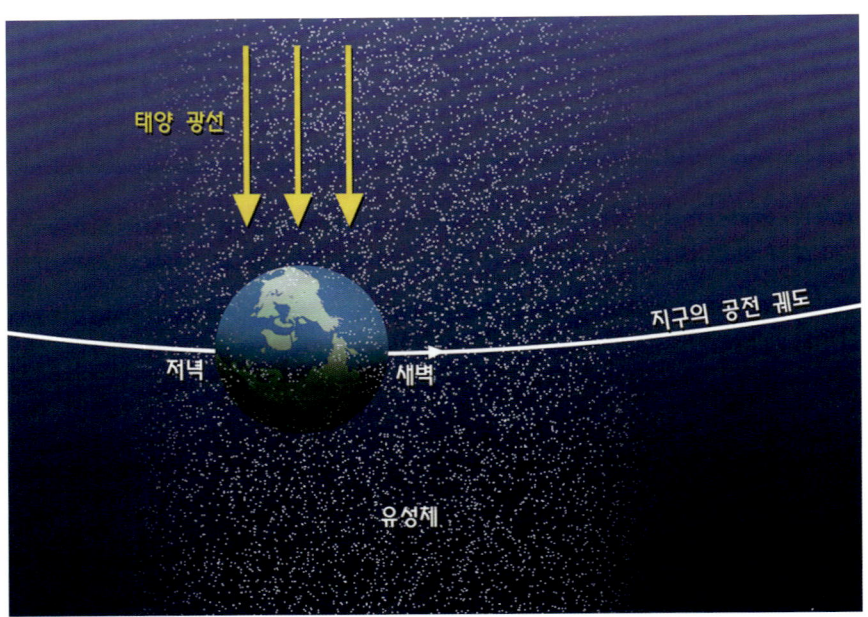

유성이 잘 보일 때(사진출처:천문우주기획)

기기도 합니다. 태양계 초기에는 커다란 유성체가 많아서 크레이터(운석구덩이)를 만들 정도로 큰 운석이 많이 떨어졌지만 요즘은 큰 운석이 떨어지는 경우는 거의 없습니다.

유성을 보기 위해서는 달이 뜨지 않는 날을 골라 시골로 가는 것이 좋습니다. 도시에서는 밝은 가로등 불빛 때문에 유성이 잘 보이지 않습니다. 그런데 시골 하늘이라고 해도 밤새 유성이 잘 보이는 것은 아닙니다. 하루 중 유성이 특별히 잘 보이는 시간이 있습니다. 그러면 저녁과 한밤중, 새벽 중 언제가 가장 유성이 잘 보일까요?

정답은 새벽입니다. 새벽에는 저녁에 비해 훨씬 많은 유성이 떨어질 뿐 아니라 떨어지는 속도도 훨씬 빠릅니다. 그렇다면 새벽에 가장 많은 유성이 떨어지고, 그 유성들의 속도도 빠른 이유는 무엇일까요?

자, 지구를 달리는 버스라고 가정하고 여러분이 그 안에 타고 있다고 생각해 보세요. 버스가 달리는데 밖에서 조금씩 비가 내리기 시작합니다. 빗방울이 창문에 부딪혀 길게 자국을 남기는 것이 보입니다. 이때 빗방울이 가장 많이 떨어지는 곳은 어디일까요? 그리고 창문과 가장 세게 부딪히는 곳은 또 어디일까요? 당연히 앞 유리창이 되겠지요.

지구와 유성체가 만나는 것도 버스와 빗방울이 부딪히는 것과 비슷합니다. 지구는 서쪽에서 동쪽으로 자전하면서 같은 방향으로 공전하고 있습니다. 지구를 달리는 버스라고 가정하면 새벽이 오는 부분이 바로 달리는 지구의 앞 유리창에 해당합니다. 지구는 1초에 약 30㎞의 속도로 태양을 공전하고 있습니다. 따라서 지구의 공전 궤도 앞부분에 있는 유성체들은 새벽 무렵에 지구와 매우 빠른 속도로 충돌하게 됩니다.

173

유성우

신문이나 방송을 통해 가장 많이 보게 되는 천문 현상 중에 유성우라는 것이 있습니다. 유성우는 유성이 비처럼 떨어지는 현상이라는 뜻으로, 이때는 같은 장소에서 시간당 열 개에서 백 개 가까운 유성을 볼 수 있습니다. 유성우는 혜성과 아주 밀접한 관련이 있습니다.

혜성이 지나가게 되면 그 궤도 위에는 혜성의 꼬리에서 떨어져 나간 먼지나 티끌같은 부스러기들이 많이 널려 있게 됩니다. 마치 여러분이 과자를 먹을 때 아무리 조심해서 먹어도 주위에 과자 부스러기가 떨어지는 것과 같습니다. 지구가 태양을 공전하면서 혜성이 지나간 궤도 근처를 지나게 되면 이 부스러기들이 지구의 중력 때문에 지구의 대기권으로 빨려들어와 타게 됩니다. 이것이 바로 별똥별의 소나기라고 알려진 유성우입니다.

그러면 어떤 경우에 유성이 많이 떨어질까요? 첫째는 혜성의 궤도와 지구가 얼마나 가깝게 만나느냐는 것입니다. 당연히 혜성이 지나간 궤도와 가까울수록 혜성 부스러기들도 많을 것입니다. 둘째는 혜성이 언제 지나갔느냐는 것입니다. 혜성이 지나가고 난 직후에 궤도 위에 가장 많은 부스러기들이 떨어져 있겠지요. 셋째는 혜성의 크기가 얼마나 크냐는 것입니다. 물론 큰 혜성이 지나갈수록 그곳에 떨어져 있는 혜성 부스러기들이 많을 것입니다.

2001년 11월 18일 새벽에는 우리나라에서도 시간당 1만 개 가까운 유성을 볼 수 있는 기회가 있었습니다. 이것은 혜성이 지나가고 얼마 되지 않은 시점에서 지구가 혜성의 궤도 가까이를 지나갔기 때문에 일어난 일입니다. 유성우의 이름은 유성들이 떨어지는 중심에 있는 별자리 이름으로 불려집니다. 즉, 사자자리 유성우가 있는 날이라고 하면 그날 유성이 사자자리를 중심으로 떨어진다는 것을 뜻합니다. 따라서 유성우를 잘 보기 위해서는 당연히 별자리의 위치를 알아야 할 것입니다.

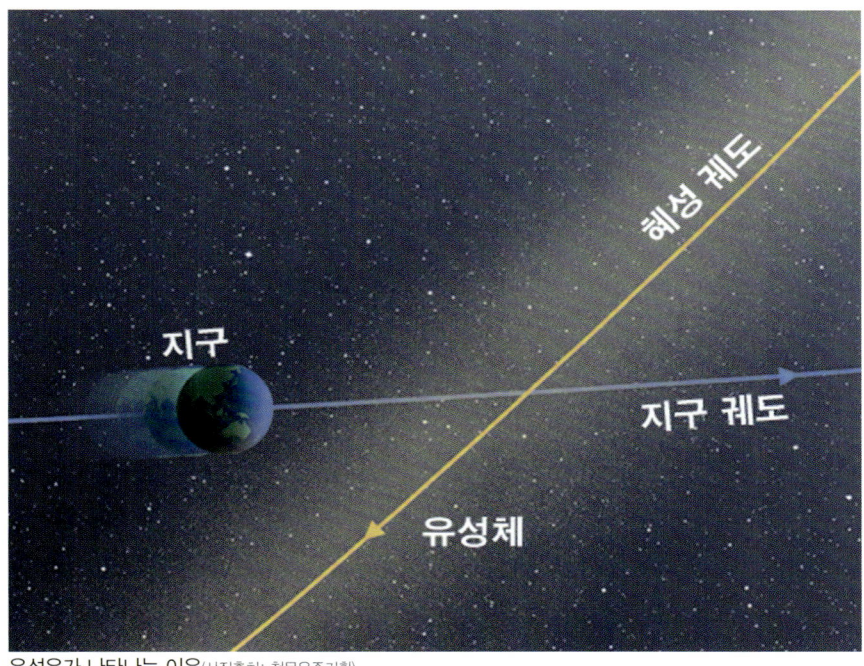

유성우가 나타나는 이유 (사진출처: 천문우주기획)

1998년 사자자리 유성우

주요 유성우 Meteor Shower

유성우 Shower	활동기간 Activity	극대일 Max Date	ZHR
사분의자리 Quadrantids	01. 01. – 01. 05.	01. 04.	120
거문고자리 Lyrids	04. 16. – 04. 25.	04. 22.	18
물병자리 에타 η-Aquarids	04. 19. – 05. 28.	05. 06.	70+
페르세우스자리 Perseids	07. 17. – 08. 24.	08. 12.	100
오리온자리 Orionids	10. 02. – 11. 07.	10. 21.	30
사자자리 Leonids	11. 10. – 11. 23.	11. 17.	20
쌍둥이자리 Geminids	12. 07. – 12. 17.	12. 13.	120

위 표는 국제유성기구(IMO)에서 발표한 2008년 자료이며, 극대일과 ZHR은 매년 변한다. ZHR(Zenithal Hourly Rate)은 가장 이상적인 관측 조건에서 1시간 동안 떨어지는 총 유성수를 말한다. 따라서, 실제 한 사람이 관측할 수 있는 유성은 이보다 적다.

유성우 쇼 관찰하기

★ 어디로 갈까요?

별이 잘 보이는 곳이라야 유성도 잘 보입니다. 별을 잘 볼 수 있는 곳은 불빛이 없는 까만 시골 하늘입니다. 가로등이나 창밖으로 새어 나오는 불빛과 도시의 오염물질 등은 별빛을 가리는 장애물들입니다.

하지만 애써 먼 시골까지 갈 필요는 없습니다. 도심의 불빛에서 벗어난 교외 정도이면 충분히 유성우 쇼를 관측할 수 있습니다.

＊ 별을 관측하기 좋은 곳
 1. 불빛이 없는 곳
 2. 물가에서 멀리 떨어진 곳(물가에 가까우면 새벽에 안개가 많이 낌)
 3. 고도가 높은 곳(높이 올라갈수록 대기 중의 오염물질이 줄어듦)
 4. 하늘을 가리는 장애물이 많지 않은 곳(하늘을 가리는 곳이 많으면 볼 수 있는 별의 수가 적어짐)

★ 무엇을 준비할까요?

1. 성도(星圖, 별지도): 여행을 떠날 때 지도는 기본. 별똥별을 기다리면서 별자리 공부도 한다면 일거양득이겠지요. 초보 여행자들에게는 복잡한 성도보다는 간단한 별자리판이 좋습니다.

2. 손전등: 성도를 볼 때는 붉은 셀로판지로 손전등의 앞을 가리는 것이 좋습니다. 밝은 빛을 보고 바로 하늘을 보면 별이 잘 안 보이기 때문입니다. 붉은빛은 눈동자에 영향을 가장 적게 줍니다.

3. 방한복: 새벽은 하루 중 가장 춥기 때문에 감기에 걸리기 쉽습니다. 별똥별을 오래 보고 싶다면 두꺼운 방한복은 필수입니다.

4. 기타: **돗자리**(별똥별 관측은 누워서 하는 것이 제일 좋습니다. 담요가 있다면 금상첨화), **의자**(바닥이 젖어 있다면 의자는 필수입니다. 푹신한 방석까지 준비하면 더할 나위 없겠지요), **간식거리**(별 보는 것도 배가 고프면 힘들겠지요. 먹을 것도 잊지 말아요!)

COOK!COOK! 과학요리

★ 몇 시쯤이 가장 잘 보일까요?

지구는 태양 둘레를 1년에 한 바퀴씩 공전합니다. 이것을 속도로 나타내면 초속 30km의 빠른 속도로 달리는 셈이지요. 하지만 지구는 공전뿐 아니라 스스로 하루에 한 바퀴씩 도는 자전 운동도 합니다. 자전 방향과 공전 방향이 서로 같기 때문에 지구를 달리는 버스에 비유한다면 새벽이 되는 지역이 버스의 앞 유리창에 해당됩니다. 따라서 새벽이 가까워질수록 저녁에 비해 떨어지는 별똥별의 수도 많고, 속도도 빨라집니다.

사자 자리 유성우 (사진출처: 권오철)

★ 어디를 보아야 할까요?

어느 별자리의 유성우라는 것은 대기권 밖의 그 별자리 부근에 폭탄을 터뜨렸을 때 그 잔해가 지구로 떨어지는 것이라고 생각하면 됩니다. 따라서 별똥별들은 그 별자리를 중심으로 사방으로 흩어져서 나타날 것입니다.

보다 많은 지역에서 떨어지는 별똥별을 관측하기 위해서는 시선을 한 지점에 고정시키기 보다는 매직아이를 보듯이 초점을 흐리는 것이 좋습니다. 초점을 고정시키지 않으면 보다 넓은 시야를 확보할 수 있고, 따라서 더 많은 유성을 볼 수 있을 것입니다.

사자 자리 유성우(사진출처: 권오철)